KB058770

미국 상위 1% 부자들의
7가지 건강 습관

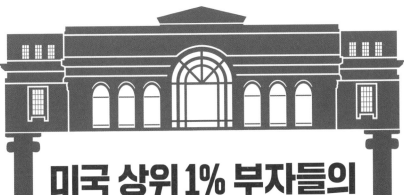

미국 상위 1% 부자들의

7가지
건강 습관

임영빈 지음

RHK
알에이치코리아

미국 상위 1% 시니어들의 세계

세계 최고 명문으로 손꼽히는 스탠퍼드 대학교^{Stanford University}는
미국 캘리포니아주 팰로앨토^{Palo Alto}에 있다. 실리콘밸리에 포함되
는 팰로앨토는 첨단기술로 무장한 고액연봉 직장이 즐비하고 스탠
퍼드를 비롯한 명문 공립고등학교 등이 포진되어 있어, 미국에서
집값이 가장 높고 부유한 곳이기도 하다. 그래서인지 이곳 스탠퍼
드 대학병원 노년내과에는 미국의 상위 1% 억만장자 시니어들이
주로 왕래하는데, 그중에는 대한민국 재벌도 있다. 이들의 가장 큰
특징은 '올드 머니^{old money}' 즉, 오랫동안 부를 축적하고 대대로 그
비결을 전수해 온 부자라는 것이다. 나는 레지던트 시절 UCLA 내
과에서 일하며 할리우드 영화감독에서부터 유명 억만장자에 이르

기까지 수많은 VIP들을 진료한 경험이 있었지만, 이곳 스탠퍼드 대학병원 노년내과에서 일하며 만난 올드 머니 시니어들은 달랐다.

부귀영화도 중요하지만 삶을 풍족히 누리기 위해서는 건강이 기본이라는 사실을 이들은 잘 알고 있다. 그래서 올드 머니 집안들은 건강 관리의 비결도 빼놓지 않고 자녀들에게 전수한다. 이들은 대부분 주치의가 왕진하는 시스템, '컨시어지 메디신concierge medicine'을 받는다. 개인 주치의를 두고 관계를 쌓는 것이 일반적인데, 주치의가 직접 집에 방문해서 혈액 검사나 엑스레이 검사, 물리치료 등을 한다. 나 역시 실리콘밸리의 가정집이나 팰로앨토 부근의 부촌 애서턴Atherton 별장, 고급 요양병원과 요양호텔에 수차례 왕진을 나갔다. 물론 컨시어지 메디신을 받는 환자에게나 스탠퍼드 시니어 클리닉에 방문하는 환자에게나 동일하게 양질의 진료를 제공했지만, 미국 상위 1% 부자 시니어들을 진료하면서 배운 소중한 것들을 한국의 시니어들에게도 전하고 싶었다.

'주변의 친구 다섯 명만 보면 그 사람을 알 수 있다'라는 말이 있다. 사람은 직접적이든 간접적이든 주변 사람의 영향을 받아 닮아간다. 이는 우리 뇌의 '거울 신경세포' 때문이다. 이 세포는 특정 행동을 직접 할 때뿐 아니라 타인이 하는 행동을 관찰할 때도 활성화된다. 그래서 내가 전하는 스탠퍼드 시니어들의 모습을 읽고 보는 것만으로도 거울 신경세포가 활성화되어 독자들이 많은 것을 배우게 될 것이라 믿는다. 그들이 건강을 위해 하거나, 하지 않는 것은 무엇인지, 나와 다른 건 무엇인지 내 모습과 대조하다 보면 쉽고 확실하게 알게 될 것이다. 나 역시 스탠퍼드 시니어들을 접하지 않았다면 한인 어르신을 진료할 때 삼을 기준을 세우기 어려웠을 것 같다. 이 책에 묘사하는 스탠퍼드 시니어들의 모습을 통해 간접적으로라도 이들을 만나며 자신의 건강을 설계하길 바란다.

노년기 건강설계

스탠퍼드 올드 머니 시니어들은 모두 개인 재무설계사를 둔다. 재무설계사들은 고객의 자산을 관리하고 종합적으로 설계하는 일을 하는데, 고객이 은퇴한 뒤에도 경제적으로 풍족한 삶을 누릴 수 있도록 주식이나 부동산 투자를 통해 자금을 만들고, 재산을 증식시켜 고객이 원하는 목표를 달성하게끔 돕는다.

스탠퍼드 시니어들은 노년내과 전문의도 비슷한 개념으로 생각한다. 인생이란 긴 여정에서 은퇴하는 시점이 다가오기 전까지 그들의 건강한 노후를 설계해 주는 이들이 노년내과 전문의인 셈이다. 인생 은퇴 준비가 잘 된다면, 건강 문제로 괴롭거나 고통을 겪을 필요 없이 꼭 필요한 일에 집중하면서 남은 날들을 행복하게 보낼 수 있다. 삶을 아름답게 마무리할 수 있다면, 자신에게 고마움을 느끼고 그리워하는 이들로 채워진 장례식을 맞이하게 될 것이다.

물론, 노년내과 전문의만 건강한 노후를 설계할 수 있는 건 아니다. 다만 노년내과 전문의로서 주로 70~90대 환자를 돌보아 온 경험 덕분에 나는 그들이 가장 어려워하는 것이 무엇인지 알 수 있었다. 대개는 거동과 대소변 처리, 인지력 감퇴 같은 노인성 질환이 큰 문제였는데, 이를 알기에 50~60대 환자를 진료할 때도 보다 먼 미래를 내다보며 더욱 구체적으로 설계할 수 있었다.

일반 내과 레지던트 시절에는, 매일 노인들을 상대하는 것으로도 모자라 노년내과 전문의 훈련까지 받고 이 과로 진학하는 선배나 전문의를 이해할 수 없었다. 하지만 노년내과 교수님 한 분이 그런 내 생각을 완전히 뒤바꿔버렸다. 이 교수님은 5~10분이면 충분한 외래 일반 내과 진료와 달리, 30분 넘게 한 명의 시니어 환자의 일거수일투족을 살피고 관리했다. 특히 그들의 가족이나 간병인과 정확하고 실질적인 대화를 나누면서 팀을 이루어 진료하는 모습에 놀라지 않을 수 없었다. 이 정도로 환자에 대해 깊이 알고 꼼꼼히 챙겨야 '환자 중심 치료'라고 할 수 있겠구나 싶었다. 덕분에 나는 스탠퍼드 노년내과에서 갈고닦은 환자 진료 방식을 LA 한인 타운에서 적용할 수 있었다. 그간 불안해서 자주 병원을 찾던 어르신들도 이런 진료를 받으며 건강이 확실하게 개선되고 관리되었으며, 환자와 가족 모두 만족하는 모습에 나 역시 큰 보람을 느끼고 있다.

노년기 건강설계는 정말 중요하다. '그냥 나이 드는 대로' 살면 세월이 나의 건강과 자율성을 앗아간다. 오랫동안 부를 축적한 사람들이 자신의 재무 상태를 정확히 파악하고 미래를 설계하는 것처럼 자신의 건강 상태를 정확히 파악하고 정확한 목표를 두고 설계해야 한다. 단순히 "나는 약을 많이 안 먹잖아" "아직은 정정해"라며 위안을 삼는 것만으로는 부족하다. 그래서 나는 이 책에서 현실적인 노년기 건강설계를 해보고자 한다.

한인 어르신들의 건강

전 세계 어디에 가든 공원에서 열심히 걷고 있는 시니어를 보면, 대부분 한국 사람이다. 건강에 좋다는 것은 부지런히 또 끈기 있게 해나가는 것이 한국인의 정서가 아닐까 싶다. 미국만 해도, 스탠퍼드 시니어들처럼 상류층 사람들만이 운동하고 건강을 관리할 뿐, 돈벌이에 바빠 운동을 아예 하지 않거나 치즈버거나 피자 같은 인스턴트 음식으로 끼니를 때우며 비만이 되는 경우가 많다. 그에 비해 미국에 거주하는 한국 어르신들은 경제력과 상관없이 대부분 걷기 운동을 꾸준히 하면서 영양보조제도 잘 챙겨 드신다.

미국과 비교해도 한국 의료 수준이나 시스템은 상당히 높은 편이다. 특히 서비스 수준은 두드러질 정도로 뛰어나다. 미국의 어느 병원에 가도 한국 병원에서 받을 수 있는 따뜻하고 친절한 응대를 받기 어려울 정도다. 하지만 그런 서비스 문화에 익숙해진 탓에, 자칫 건강 관리에 수동적이 될 수 있다. 이따금 건강검진을 받고 의사를 만나 필요한 약만 처방받아 복용하는, 그저 다른 사람이 나에게 지시한 것만 따르는 수동적인 환자가 되기 쉽다는 말이다. 각 장에서 자세히 언급하겠지만, 나는 어르신들이 각종 건강증진 영양보조제나 '프리미엄 건강검진' 같은, 화려하기만 할 뿐 실제로는 불필요한 약이나 상품 광고에 현혹될까 걱정스러웠다.

스탠퍼드 의대의 임상교수직 자리에 연연하지 않은 것도 이 같은 마음 때문이었다. 처음에 교수직 자리를 제안받았을 때는 노년내과 지도 교수님과 상의하며 고민했던 것도 사실이다. 교수님도 내가 관심을 보이는 것에 매우 기뻐하셨다. 하지만 어쩐지 마음 한편이 계속 찝찝했다. 중학교 1학년 때 미국으로 이민 와 미주 한인사회에서 자라는 동안, 내 꿈은 언제나 의사였다. 의사가 되어 한인 어르신들을 돌보고 싶어서였다. 내가 교수를 선택한다면 나와의 약속을 어기는 것이었다. 내가 스탠퍼드 대학병원에 남는다면 많고 많은 스탠퍼드 교수 중 한 명이 될 테지만, 귀한 최신 노년내과 정보를 한인 어르신들이 알아듣기 쉽게 풀어 한국어로 진료할 수 있는 사람은 몇 안 될 것 같았다. 이 같은 우려와 고민을 지도 교수님께 털어놓자 교수님도 이해해 주셨고, 이 책의 추천사까지 써주시며 나를 지금도 응원해 주신다.

2017년부터는 유튜브^{YouTube} 채널 '99세까지 88하게-임영빈 내과'를 개설해 영상을 올리기 시작했다. 스탠퍼드 대학병원에서의 경험을 전달하고 싶었기 때문이다. 당시만 하더라도 '치매'나 '시니어'란 단어로 검색하면 치매 노인을 돌보기 어려워하는 가정이나 요양 병원의 폭력실태와 관련된 영상만 나올 뿐, 노년기 건강과 관련된 유용한 정보를 전문으로 다루는 채널이 없었다. 나는 '노년기' 역시 노력을 통해 값지게 일궈야 하는 인생의 일부라는 점을 알리는 한편, 이를 지혜롭게 준비하는 방법을 알려주는 영상들을 제작했다. 이러한 나의 진심이 통한 것인지, 하나둘 영상이 늘어감에 따라 채널도 동반 성장하여 어느덧 15만 명이 넘는 이들이 내 채널을 구독하게 되었고 이처럼 책 출간의 기회도 얻게 되었다.

우리는 모두 늙는다

여기, 시퍼런 진실이 하나 있다. 우리 모두 언젠가는 장년기를 지나 노년기에 이를 거라는 사실이다. 예상치 못한 일로 조기에 사망하지 않는 한, 우리는 시니어가 된다. 그러니 노년기를 준비하는 일은 '나'를 포함한 남녀노소 누구에게나 주어진 숙제다. 젊을 때는 남일처럼 느껴지겠지만, 점차 나이가 들수록 내 일이고 내 문제라는 것이 실감 날 것이다.

우리는 노화와 노년기를 비참한 미래로 그리는 편견을 극복해야 한다. 실제 외래 진료를 통해 만나는 어르신들 중 심각한 질병이나 걱정 없이 편안하게 노후를 보내시는 분들도 많다. 그들 모두 하나 같이, "건강하고 행복합니다!"라거나 "다 좋습니다!"라고 말씀하시곤 한다. 이제 막 65세가 된 시니어뿐만 아니라, 80대, 90대 어르신들도 마찬가지다. 나의 92세 환자도 꽤 복잡한 사전연명의료의향서 내용을 충분히 이해하는 건 물론 중요한 결정도 스스로 내리실 정도로 총명하시다. 딸과 함께 행복한 모습으로 진료실을 나오는 모습에 실습 나온 학생들도 놀랐다. 데이터도 이를 증명하는데, 미국과 서유럽에서 진행된 한 연구[1]에 따르면 60세 전후의 사람들의 행복 수준은 20대들의 행복 수준과 비슷하다고 한다.

그럼에도 노년기의 삶을 바라보고 평가하는 사회의 시각에 안타까울 때가 많다. 미국은 물론 우리나라를 비롯한 현대사회는 성공과 젊음에 집착한다. 세속적인 사회는 오랜 경험에서 우러나온 지혜나 신중함보다 속도와 효율을 선호한다. '젊음'을 소중한 자질로 보는 산업적 렌즈를 끼고 바라보면, 노년기의 삶은 부정적으로 비칠 수밖에 없다.

수많은 편견 중 하나는, 노인은 몸이 아파서 대개 누워서 지낸다는 것이다. 하지만 실제로 누워서 지내는 노인은 3%에 불과하며 병원과 시설에서 지내는 노인도 4%다.[2] 노년기 대부분의 어른들은 독립적이고 활동적으로 생활한다. 신체적 능력이 감소하는 것은 정상적인 노화 과정이 아니다. 이는 오래전부터 운동과 활동이 줄어서 생기는 문제다. 또한, 나이가 들면 치매가 생긴다는 것도 편견이다.

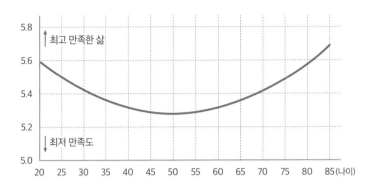

나이별 평균 삶의 만족도

삶의 만족도 측면에서 60대 이상의 행복 수준은 20대들의 행복 수준과 비슷하다.

치매는 알츠하이머 치매나 혈관성 치매같이 오랜 시간 질환이 뇌에 쌓이면서 뇌세포가 손상을 입었을 때 나타나는 증상이다. 특히 노인의 정신병 유병률은 10%밖에 되지 않는다.[3] 만약 이런 질병들을 조기 진단하여 뇌와 마음의 건강을 위해 노력하면 대부분의 치매와 정신질환을 예방할 수 있고 건강한 정신을 유지할 수 있다.

사회적인 편견도 빼놓을 수 없다. 대부분의 노인은 가난하고 외로우며 사회적으로 고립된다는 인식이다. 초등학교 교과서에나 등장할 법한 대가족 그림을 현대사회에서 찾아보기 어려운 건 사실이지만, 꼭 가족이 아니어도 이웃과 더불어 지내는 시니어들은 그렇게 외롭지 않다.

마지막으로, 시니어 본인들이 가진 편견을 접할 때는 의사로서 매우 안타까운 마음이 든다. 어디가 아파도 '나이 들어서 그런 거지' 하며 대수롭지 않게 넘기거나, 도움이 필요할 때도 '이제 빨리 죽어야지' 하며 치료를 거부한다. 오래전 들었던 자신의 부모나 조부모의 말을 그대로 적용하는 것이다. 이처럼 시니어 본인이 품고 있는 편견을 극복하게 돕는 것도 대단히 중요하다. 부정적 편견 때문에 치료나 예방적 조치를 거부할 때도 많기 때문이다.

7가지 비결

이 책에서 나는 노년기 건강을 위한 양질의 진료를 소개하고자 한다. 차례에서 확인할 수 있듯, 미국 상위 1% 부자들의 7가지 건강 비결은 근육 사용법, 마음 사용법, 약 복용법, 두뇌 사용법, 건강검진 사용법, 병원 사용법, 삶의 마지막을 준비하는 방법을 아는 것이다. 7가지 중 어느 하나가 더욱 중요하다고 할 수 없을 정도로 이 모두를 잘 알아야만 노년기를 풍요롭고 건강하게 설계할 수 있다.

물론 이 7가지는 상위 1% 시니어들 모두를 대상으로 설문 조사하여 분석한 통계치는 아니다. 미국 노년내과 학회American Geriatrics Society(이후, AGS)에서 강조하는 5가지 노년기 건강 관리법에서 많은 영향을 받았으며, 이를 스탠퍼드 대학병원에서의 경험과 접목해 대중들이 편하게 읽을 수 있도록 정리한 것임을 밝혀둔다. AGS의

5가지 노년기 건강 관리법[4]을 간략히 소개하자면 5M인데, Mobility (기동성), Mind(마음), Medications(약물), Multi-complexity(복합성), Matters most(가장 중요한 것)이라는 알파벳 M으로 시작하는 5가지 단어로 정리된다. 따라서 의사로서의 경험뿐 아니라, 의학적 근거가 기반이 되었다는 것을 알아두었으면 한다.

이에 더해, 나는 스탠퍼드 대학병원에서 습득한 진료 방식을 LA 한인 시니어 환자들에게 적용하며 얻은 소중한 지혜와 경험을 이 책에 담았다. 진료 시간마다 열과 성의를 다해 설명하고 환자들에게 직접 운동을 가르치며, 그들이 마음속 깊이 꽁꽁 숨겨 두었던 상자를 열어가며 진심을 다해 진료한 덕분인지 시니어 환자들이 어떤 것을 어려워하고, 어떻게 했을 때 건강이 확실히 개선되었는지를 체험할 수 있었고 덕분에 7가지를 선정하는 것도 가능했다.

유튜브를 처음 시작했을 때만 해도 노년기에 대한 부정적인 시각이 대다수였지만, 시간이 지날수록 건강하고 행복한 노년기를 보낼 수 있도록 돕는 양질의 영상들이 많이 나오고 있다. 이 책을 통해 영상에 모두 담지 못한 세세하고 전문적인 이야기들을 소개할 수 있어 기쁘다. 부디, 이 책을 통해 많은 어르신이 건강한 노후를 설계하여 20대 청춘 못지않은 행복한 삶을 영위하시길 바란다.

_임영빈

차 례

비결 1   내 근육 사용법을 안다   19

나이가 들수록 근육이 더욱 필요하다 | 걷기 운동의 대가들 |
오버로드 원칙이 답이다 | 주사나 시술보다 근육 강화 | 의대에
선 운동을 가르치지 않는다 | 운동 전 좋은 자세 구축하기 | 근
육에서 나오는 호르몬 | 왜 헬스장에서 운동해야 할까? | 집에
서 할 수 있는 근력 운동 | 중·노년기 흔한 근골격계 질환들

비결 2   내 마음 사용법을 안다   63

지혜라는 덕목 | 내 마음에 귀를 기울일 줄 아는 능력 | 감성
지능 발달을 방해하는 요인들 | 감성지능과 정신질환 | 감성지
능 발달을 위한 5가지 방법 | 수면과 멜라토닌 | 수면제 중독
을 피하는 법

비결 1

내 근육
사용법을 안다

다음 두 사진을 한번 살펴보자. 놀랍게도 두 사람의 나이는 같다. 두 사람 중에 눈으로 보기에도 건강하고 앞으로도 더욱 건강하리라 짐작되는 사람은 누구인가?

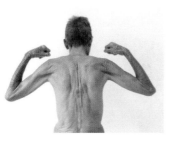 

당신이 전문가가 아니라고 해도, 오른쪽 사람을 지목할 것이다.

전문가라면 왼쪽 시니어를 두고, '근감소증'으로 인해 각종 성인병 발병 가능성이 크고, 이로 인한 사망 확률 또한 높을 수 있다는 논문[1]을 근거로 그가 건강하지 못하다고 이야기할지도 모른다.

단순히 두 경우를 상상해 보자. 지금부터 5년간 꾸준히 근력 운동을 하는 것과 5년간 몸에 좋다는 음식과 영양제를 복용하는 것. 둘 중 어느 것을 선택할 때 5년 뒤 더욱 건강하고 타인에게 의존할 필요 없이 생활할 수 있을까? 답은, 근력 운동을 하는 것이다.

나이가 들수록 근육이 더욱 필요하다

시니어들에게 대단히 치명적인 사고 중 하나는 '낙상' 사고다. 넘어지거나 떨어져서 몸을 다치는 것을 뜻하는데, 뼈가 약한 노인들은 가벼운 엉덩방아에도 허리뼈나 엉덩이뼈가 부러질 수 있고 이로 인한 골절이 사망으로도 이어질 수 있기 때문이다. 하지만 나이가 들면 하체 근력 저하와 균형 감각 상실로 밖에서는 물론 집안에서도 낙상 사고가 빈번히 일어날 수 있다.

스탠퍼드 시니어 클리닉에 자주 오셨던 83세 남성 환자는 중증 치매이긴 했지만, 근육량이 상당했고 넘어져서 다친 적이 한 번도 없다고 했다. 알고 보니 그는 젊은 시절 올림픽에서 메달을 따기도 한 체조 선수였다. 그래서인지 자칫 넘어질 뻔한 위기에도 근육이 자동반사적으로 균형을 잡았던 것이다.

이처럼 근육이 있어야 넘어지지 않고 균형을 잡을 수 있는데, 나이가 들어서도 손실 없이 많은 양의 근육을 유지하려면 어떻게 해야 할까? 단백질 파우더를 섭취하고 다소 무리가 되더라도 근력 운동을 열심히 해야 하는 걸까? 답은 하나다.

하루라도 젊을 때, 근육을 단련시켜 근육량을 늘려놓는 것이다. 너무 늦게 운동을 시작하면 근감소증으로 인해 근육량을 늘리기 어렵기 때문이다. 근감소증은 2016년 9월 세계보건기구WHO에서 질병으로 인정받아 국제질병분류기호까지 받은 질병이다. 근감소증이 있으면 거동이 불편해지고, 당뇨와 고혈압, 심장질환, 뇌졸중, 치매 발병 확률이 높아지며 더불어 수명도 짧아진다.[2] 이런 근감소증의 발병 속도도 50대 이후부터 빨라진다. 그러니 하루라도 젊을 때 근육량을 늘려야 한다.

다음 그래프[3]를 보면 근육량의 중요성을 알 수 있다. X축은 나이, Y축은 근육량을 나타내는데, 장애 구간과 개인에 따른 근육량의 차이를 유심히 살펴야 한다. 근육량은 장년기에 가장 많은데 이를 잘 유지하면 노년기에 들어가도 장애 구간에 들어가지 않는다. 반면 장년기 때부터 근육량이 부족하거나, 운동 부족으로 근육량이 급격히 떨어지면 장애 구간에 훨씬 일찍 들어가게 된다.

근육이 하루아침에 만들어지는 건 아니다. 미국인들은 학생 시절부터 헬스장에 다니며 근육량을 키워 중장년에 이를 때까지 최고의

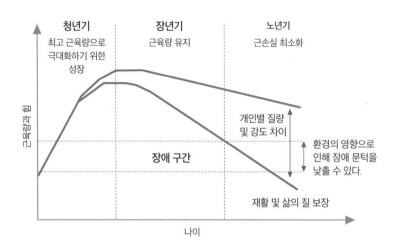

나이대별 근육량 변화

청년기
최고 근육량으로
극대화하기 위한
성장

장년기
근육량 유지

노년기
근손실 최소화

근육량과 힘

개인별 질량
및 강도 차이

환경의 영향으로
인해 장애 문턱을
낮출 수 있다.

장애 구간

재활 및 삶의 질 보장

나이

근육량을 유지하려고 애쓴다. 젊은 시절 키운 근육이 노년기에도 도움이 된다는 걸 알기 때문이다. 다만, 한 연구[4]에서 60대 시니어에게 12주간 근력 운동을 시켰더니, 근육량이 30% 정도 증가했다는 사실이 입증됐다. 그렇다면 현재 우리나라 어르신들은 근력 운동을 충분히 하고 있을까?

걷기 운동의 대가들

병원에 처음 오시는 시니어 환자들에게 나는 평소에 어떤 운동을 하는지 묻는다. 대부분의 어르신들은 "매일 아침저녁으로 1시간씩은 꼭 걸어요!"라고 당당하게 대답한다. 몇천 보 또는 1만 보 이상을 걷는다고 하는 분도 있다.

이들의 근육 상태는 어떨까? 걷는 데 사용하는 근육, 이를테면 종아리 근육만 단단한데, 오히려 이런 근육이 자주 뭉쳐서 쥐가 날 수도 있다. 이처럼 문제가 있는데도 왜 우리나라 어르신들은 걷기 운동을 최상의 운동이라고 생각하게 된 것일까? 바쁜 일상에 치여 생활해 온 한국인들이 학창 시절 체육시간에 배운 운동이라곤, 기초 운동뿐이다. 쉽게 말해, 어떤 운동을 어떻게 해야 할지 모르기에 가장 기초가 되는 '걷기'부터 시작하는 것이다. 특히나 돈이 들지 않는, 이른바 '가성비 좋은 운동'이라는 점에서 걷기 운동이 한국인들의 국민 운동이 된 것이 아닐까 싶다.

물론 걷기 운동이 무조건 나쁘다는 말은 아니다. 걷는 것도 제대로 하면 좋은 운동이 된다. 그저 어슬렁어슬렁 걷는 게 아니라, 허리를 꼿꼿이 펴고, 고개는 살짝 치켜들어 시선을 위로 향하게 하고, 가슴을 활짝 열고, 팔을 앞뒤로 편안하게 흔들면서, 보폭은 평소보다 10cm 정도 넓게 걸으면 좋다. 속도도 천천히 걷는 것보다는 조금 빠르게 걷는 것이 바람직하다고 한다.[5]

다만 내가 한국인들의 걷기 운동을 문제로 보는 이유는, 걷는 것을 최고의 운동으로 여기는 사람들이 운동의 초기 단계에 너무 오래 머물기 때문이다. 예를 들어, 수학을 처음 배울 때를 생각해 보자. 우리는 제일 먼저 덧셈과 뺄셈을 배운다. 하지만 계속 덧셈과 뺄

셈만 하면서 '난 1시간 동안 덧셈과 뺄셈을 했으니 수학은 마스터한 거야!'라고 생각하는 사람은 없을 것이다. 이처럼 걷기 운동은 수학의 덧셈과 뺄셈 같은 기초 운동일 뿐이다. 이를 시작으로 다음 단계의 운동으로 넘어가 전신근육을 활성화하는 것이 중요하다. 걷기 운동과 스트레칭을 통해 몸을 풀었다면, 허벅지와 엉덩이, 허리, 등, 가슴 근육들을 발달시키는 다음 단계의 세부적인 근력 운동으로 넘어가야 한다. 그럼, 걷기를 넘어 이런 다양한 근육들을 발달시키려면 어떻게 해야 할까?

오버로드 원칙이 답이다

미국 노년내과 학회, 즉 AGS는 "모든 운동 처방전은 오버로드 overload 원칙에 바탕을 둔다"라고 밝힌다. 오버로드란 쉽게 말해, 근골격 조직이 '익숙하지 않은' 생리적 스트레스를 받으면 일단 적응한 뒤 능력을 증가시키는 것으로, '점진적 과부하'라고 한다. 여기서 핵심은, '익숙하지 않은' 스트레스다. 우리 대부분은 평생 걸어왔고 계속 걸을 것이다. 따라서 걷는 행위는 익숙하지 않은 스트레스가 아니다. AGS에 따르면,[6] 1가지 운동 방법에 인간이 익숙해지는 데는 2~3개월의 기간이 소요된다고 하니, 평생을 걷는 인간에게 걷기는 오버로드 원칙에 해당하지 않는 행위인 셈이다.

우리 근육에 익숙하지 않은 생리적 스트레스를, 그것도 건강하면서도 안전한 방법으로 주려면 어떻게 해야 할까? 2가지 방법이 있다. 첫째는 운동의 강도를 높이거나 다른 운동으로 전환하는 것이다. 쉽게 표현하면, 현재 운동에서 위로 올라가거나 옆으로 가는 것이다. 위로 올라간다는 말은 운동의 강도를 높인다는 의미다. 걷기에서 살짝 속도를 내 가벼운 조깅을 하거나, 한층 강도를 높여 뛰는 것이 이에 해당한다. 하지만 시니어들은 관절과 심폐기능이 좋지 않기에 이렇게 강도를 높이는 것보다 옆으로 가는, 즉 익숙치 않은 운동으로 전환해 주는 편이 낫다. 이는 시니어들이 걷기 외에 더 많은 운동을 배워야 한다는 말인데, 운동이 복잡하면 포기하기 쉽고, 어려우면 다치기 쉬우므로 시도해 볼 수 있는 구체적인 운동 방법과 주의사항을 뒤에서 자세히 알아보자.

주사나 시술보다 근육 강화

시니어들 중에는 무릎 관절 통증을 호소하는 이들이 많다. 그런데 유독 한국 어르신들만 관절 주사를 찾는다. 이분들은 대개 히알루론산hyaluronic acid 주사나 스테로이드 주사 등을 맞을 수 있는지 문의하신다. 하지만 어르신들의 무릎 관절과 허벅지 근육을 검사해 보면 너무 물렁물렁하거나 반대로 많이 뭉쳐 있어서 근육이 제대로 쓰이지 않고 있다는 걸 알 수 있다. 무릎 관절이 근육 없이 움직일 수 있을까? 당연히 그럴 수 없다. 허벅지와 엉덩이 근육이 제대로 활성화되어 잘 뒷받침해 주어야만 무릎에 실리는 몸무게가 줄어들어 무릎이 상하지 않는다.

시니어들이 허리 주사나 시술을 받는 일도 흔하다. 나의 60대 여성 환자는 한국행 비행기를 장시간 탄 탓인지 허리디스크가 돌출되면서 좌골신경통이 도져 왼쪽 허리에 극심한 통증을 느꼈다. 한국에 도착해 병원에 갔더니 의사가 허리 MRI를 찍은 당일에 시술이나 수술을 받아야 한다고 강력히 권고했다고 한다. 다소 부담이 되어 또 다른 병원을 찾았지만, 그곳 의사도 똑같은 소견을 냈다. 하지만 고심 끝에 어르신은 수술을 거부하고 미국으로 돌아왔고, 휴식을 취하면서 물리치료를 시작했더니 허리 통증이 한결 가라앉고 지금은 예전과 같은 컨디션으로 회복했다. 내가 이 환자를 처음 만나 진료했을 때는 엉덩이 쪽의 중둔근과 이상근, 대퇴근막장근이 심하게 뭉쳐 있었는데, 뭉친 근육을 풀어주고 운동을 시키니 나아진 것이다. 불필요한 수술을 막을 수 있었던 건, 근육의 쓰임을 올바르게 이해하고 있던 물리치료사를 만난 덕분이었다.

스탠퍼드 시니어 클리닉에서는 이런 문제를 겪고 있는 환자들을 어떻게 치료할까? 스탠퍼드 대학병원에는 대단히 유능한 물리치료사들이 많다. 이들은 교과서에 소개된 허리에 좋은 운동을 있는 그대로 가르치지 않는다. 실력 있는 물리치료사는 가장 먼저 환자의 근육과 관절 상태를 파악하여 그에 맞게 근육을 이완시키거나 강화할 수 있는 운동을 찾아서 환자가 하게 한다. 관절이 아플 때는 일단 소염진통제로 통증과 염증을 다스리고, 그 관절을 사용하는 근육들을 풀어주고 단련시켜야 한다. 그렇다면 의사는 무슨 역할을 하는 가? 물리치료사가 아닌 의사에게서도 운동을 배울 수 있을까?

의대에선 운동을 가르치지 않는다

"운동을 하셔야 합니다." 의사에게 이런 말을 들어본 적이 있는 가? 대사 증후군 때문에, 또는 우울증 때문에 운동이 꼭 필요하다는 이야기를 들은 적이 있을 것이다. 하지만 운동을 해야 한다는 말뿐 정작 운동을 어떻게 해야 하는지 가르쳐주는 의사는 거의 없었을 것이다. 구체적으로 어떤 운동을 해야 하는지 묻는다면 의사도 아마 대답하지 못할 것이다. 의과대학에서 운동을 가르치지 않을 뿐만 아니라, 레지던트 과정 중에 운동을 배우거나 할 수 있는 시간을 낸다는 건 꿈도 꿀 수 없는 일이기 때문이다.

의대생들은 의과대학 시절 해부학과 생리학 시간에 근육과 관절의 구조와 기능을 배운다. 또 고혈압과 당뇨 같은 성인병을 치료하는 데 운동이 중요하다고도 배운다. 하지만 정작 어떤 운동을 어떻게 해야 하는지에 대한 가르침은 받지 못한다. 다치지 않고 안전하게 할 수 있는 근력 운동이나, 어떤 운동을 몇 번 반복하고 어느 정도의 휴식 시간을 가져야 하는지 같은 세부적인 지침도 배우지 않는다. 비단 의대뿐인가? 일반 중·고등학교 교육과정에서도 다양한 운동법을 배워본 적이 없을 것이다.

하지만 스탠퍼드 노년내과 지도 교수님은 달랐다. 교수님은 펠로들이 물리치료와 재활의학과 로테이션을 돌 때 재활의학과 교수님께 따로 부탁해 우리가 환자들에게 어떤 운동을 시켜야 하는지 하나하나 배울 수 있게 하셨다. 그 덕분에 펠로들은 상세한 운동법에 관심을 가지게 되었고, 근육구조와 생리학을 다시 들여다볼 수 있었다. 우리는 시니어들의 근육과 관절을 매번 약으로만 치료하면 부작용이 생길 수 있으니 비약물 치료로서 운동도 함께 처방해야 한다는 것과 낙상한 환자의 경우 근육을 키우는 것이 중요하므로 이를 위해 어떤 운동을 가르쳐야 하는지도 배웠다. 나 역시 자연스럽게 관심이 생겨 박사과정 중인 개인 트레이너에게 레슨을 받으며 과학적으로 '근성장'에 접근해 올바른 자세와 운동법을 배웠다. 특히 카이로프랙터chiropractor(척추 지압사)가 된 고등학교 시절 절친과 자주 만나 근육과 관절 질환에 관해 이야기하고 치료법을 논의하면서 이에 대한 이해도 더욱 깊어졌다.

이런 여러 지식과 경험을 바탕으로 나는 시니어 환자들을 진료할 때 그들이 잘못된 자세를 교정할 수 있게 도왔고, 정확히 어떤 운동을 해야 하는지 알려줄 수 있게 되었다. 의사가 먼저 운동해야 환자에게 제대로 가르쳐줄 수 있다는 생각에 운동하고 도움받은 것을 진료에 적용하니 실제 많은 환자의 건강이 호전되었다.

근력 운동에서 가장 중요한 것은 자세다. 운동은 올바른 자세로 해야만 다치지 않고 지속적으로 할 수 있다. 운동을 하다가 몸을 다치면 그마저도 할 수 없어 중단하게 되므로 건강이 더욱 악화될 수 있기 때문이다.

아래 사진을 살펴보자. 왼쪽은 거북목 자세가 오래되어 등이 굽은 흉추 후만round Shoulder 상태의 모습이다. 흉추 후만이 되면 양어깨가 불안정해지며, 골반에 전방경사가 생겨서 차츰 허리까지 아프게 된다. 60~70대는 물론, 80~90대 시니어들 역시 스마트폰 시청 시간이 길어지면서 안 그래도 좋지 않은 자세가 더욱 나빠진 것도 사실이다.

굽은 등과 운동을 통해 달라진 모습

하지만 오른쪽 사진에서 보듯 자세는 얼마든지 달라질 수 있다. 내가 진료한 환자 중에도 이와 같은 모습의 어르신이 있었는데 어르신의 자세를 약간 교정해 드린 후 어떤 운동을 병행해야 할지 알려드리자 오래되지 않아 흉추 후만이 많이 개선되었다.

여러 번의 방문 치료가 있었던 것도 아니다. 이러한 변화는 의사에 처방에 잘 따른 환자 덕분에 가능했다. 다시 말하지만, 가장 중요하고 먼저 해야 할 것은, 올바른 자세를 구축하는 것이다. 바른 자세는 통증을 예방할 뿐만 아니라, 내면의 자신감도 끌어올려 정신건강에도 좋다.

《백년 허리》, 《백년 운동》, 《백년 목》 등으로 베스트셀러 작가로도 이름이 알려진 서울대 재활의학과 정선근 교수는 책과 유튜브 영상을 통해 참으로 유용한 지식을 전하고 있다. 그의 풍채와 자세만 봐도 실제로 꾸준히 운동을 하는 분이라는 걸 짐작할 수 있다. 자신의 전문 분야인 재활의학과 지식에 운동을 접목한 콘텐츠 덕분에 남녀노소 누구나 쉽게 따라 하며 건강을 챙길 수 있게 되었다. 나는 종종 그의 채널에서 내가 스탠퍼드 펠로 시절 배웠던 여러 가지 지식을 접하곤 한다. 이 같은 기본적인 운동 상식과 척추위생에 관한 지식은, 사실 미국 상위 1%의 시니어들이라면 이미 터득하고 있는 것들이다. 그중에서 좋은 자세를 구축하는 방법 몇 가지만 소개하고자 한다.

운동 전 좋은 자세 구축하기

잠못된 자세로 운동을 하면 관절이 오히려 상할 수 있기에, 근육 운동을 시작하기 전 반드시 자세부터 제대로 잡아야 한다. 그렇다 면 몇 가지 문제가 되는 자세부터 교정해 보자.

거북목

거북목 치료의 핵심은 목 치료가 아닌, 어깨 치료라는 점이다. 앞 으로 빠져나와 있는 목을 의식적으로 뒤로 넣으려고 하다 보면 힘 도 많이 들지만 잠시 잠깐일 뿐 무의식적으로 다시 나온다는 것을 알 수 있다. 어깨가 말린 상태에서 앞으로 튀어나온 거북목을 집어 넣으려고 하기 때문이다. 이때는 목을 공략할 것이 아니라, 어깨를 넓게 펴주는 것이 좋다. 어깨를 활짝 펴주면 목은 저절로 몸통에 수

거북목 자세

직으로 놓일 것이다.

어깨를 넓게 편 자세를 유지하려면 허리와 골반이 잘 받쳐줘야 한다. 자리에서 한번 일어서 보자. 두 다리를 어깨너비로 벌리되 발 끝을 살짝 바깥쪽으로 돌려 10시 10분 대형으로 맞춘다. 이때 상체는 가만히 두고 골반만 앞으로 내민다. 자동으로 엉덩이 근육이 수축되면서 자연스럽게 허리 근육이 살짝 긴장되는 동시에, 어깨가 활짝 펴지는 것을 느낄 것이다. 이때 골반을 살짝 앞으로 내밀어 엉덩이 근육이 수축되는 것이 느껴지는 정도까지만 가져가 보자.

일상에서도 이러한 동작을 쉽게 취할 수 있다. 양치질이나 설거지를 할 때다. 세면대 앞에 서서 아랫배가 세면대에 닿게 해보라. 앉은 자세에서 같은 동작을 취하는 것도 가능하다. 의자에 살짝 걸터앉아서 양쪽 다리를 넓게 벌린다. 다리를 벌리는 것은 엉덩이 근육에 긴장이 들어가도록 하고, 임산부처럼 배가 다리 사이로 기울여져 허리 척추가 요추 전만이 되게 하기 위해서다. 이러한 동작을 꾸준히 취하다 보면 자연스럽게 어깨가 펴져 거북목 자세가 치료되는데, 이를 응용하면 어깨도 튼튼해져 회전근개파열이나 오십견을 예방할 수 있다.

오십견

어르신들 중에는 회전근개파열로 인해 수술을 받거나, 오십견 때문에 고생하는 분들이 정말 많다. 대부분은 어깨 근육이나 통증에 대한 잘못된 지식이나 노화로 굳어진 부위 근육이 다치는 것이다. 어깨를 다치지 않고 안전하게 사용하려면 어떻게 해야 할까?

흉추 후만이란, 어깨가 앞으로 말렸다는 뜻이다. 어깨 앞부분에서는 대흉근과 소흉근이 수축되어 어깨를 앞으로 당기고, 등 쪽에서는 활배근과 대원근이 늘어나게 되니 힘을 못 쓰게 된다. 좋은 자세를 구축하려면 뭉친 근육은 풀고 늘어난 근육은 서서히 강화시켜야 한다. 이를 위한 가장 기본적인 근력 운동은 좋은 자세를 구축할 수 있게 만드는 근육을 단련하는 것이다.

어깨는 팔의 회전을 가능하게 하는 '복잡한 관절'이다. 무릎 관절이나 팔꿈치 관절은 한 방향으로 접었다 폈다 하지만, 어깨는 팔의 회전까지 허락한다. 회전이 가능하려면 여러 근육과 인대가 필요한데, 문제는 이런 근육과 관절이 좁은 공간에 밀집해 있다는 점이다. 안 그래도 좁은데, 앞서 언급한 견갑골이 앞으로 향하고 있고 등 근

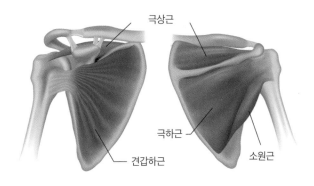

극상근

극하근

견갑하근

소원근

좁은 공간에 밀집한 어깨 근육과 힘줄

육이 활성화되어 있지 않으면, 어깨 공간이 더욱 좁아진다. 좁아진 어깨 공간에서 인대가 왔다 갔다 하다가 염증이 생기고 끊어지는 것을 '회전근개파열'이라고 한다. 따라서 어깨 공간을 잘 활용하고 싶다면, 날개뼈와 등 근육을 살펴야 한다.

가장 큰 문제는 이러한 회전근개증후군을 치료하지 않고 방치하면 합병증으로 '오십견'이 올 수 있다는 것이다. 오십견은 오십 세의 어깨를 지칭하는 용어로 사실 인간의 평균수명이 훨씬 짧았을 때 붙여진 병명인데, 공식적인 의학 병명은 '동결견'이다. 나이가 들면서 퇴행성관절염과 회전근개증후군으로 인해 어깨가 굳어 통증이 발생하고 통증 탓에 어깨의 움직임에 지장이 생긴다. 처음에는 어깨를 안쪽으로 돌리기 힘들고, 이후에는 팔을 앞으로 들거나 밖으로 돌리는 것도 어려워진다. 예를 들어, 세수하거나 머리를 감을 때 목덜미를 만지거나 헤어드라이어로 머리를 말리는 등의 동작을 하기 어려워진다. 심할 경우 본인 스스로 제한된 어깨관절 범위를 극복하려고 할 때 통증이 발생한다. 어깨에 스테로이드 주사를 맞고 물리치료를 병행할 때 조금씩 좋아지곤 한다.

건강한 어깨 만들기

어깨가 건강한지 아닌지는 어떻게 알 수 있을까? 날개뼈의 위치를 보고 판단한다. 인간은 목에서 시작되는 쇄골이 중앙에서 양쪽으로 뻗어 어깨까지 이어지고 그 외에 모든 어깨는 날개뼈, 즉 견갑골로 이루어져 있다. 따라서 어깨의 위치를 보려면 견갑골의 위치를 확인해 봐야 한다. 견갑골의 위치가 어깨 건강의 징표다. 견갑골의 위치가 육체미를 뽐내는 보디빌더처럼 뒤쪽에 있는지, 굽은 등과 함께 옆으로 말려 앞쪽을 향하고 있는지 점검해 보라. 견갑골이 앞쪽을 향하고 있다면 근처 근육을 제대로 쓰지 못하고 힘도 잘 전달이 안 되어서 어깨를 쉽게 다칠 수 있다.

어깨를 다치지 않으려면 등 근육을 잘 써야 한다. 앞서 언급한 것처럼 견갑골이 제자리에 위치하려면 등 근육이 활성화되어야 한다. 쉽게 말해, 잠자는 등 근육을 깨워줘야 하는데 이는 일반적인 걷기 운동으로는 불가능하다. 등 근육을 논할 때는 활배근을 생각해야 하는데, 허리에서 등에 걸쳐 퍼지는 편평하고 큰 삼각형 모양의 근육을 말한다. 활배근 강화를 위해서는 아래 그림처럼 기구를 활용

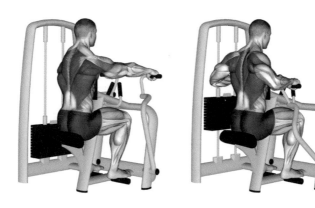

활배근 강화 운동

해 헬스장에서 운동할 수 있지만, 집에서 고무밴드로 운동할 수 있다. 고무밴드 중간을 문손잡이에 걸어놓고, 태권도의 기본 자세를 취하듯, 고무밴드 끝을 양 옆구리 쪽으로 가져온다. 이때 팔만 움직이지 말고 견갑골을 등에서 모아준다는 느낌으로 운동하면 더욱 효과적이다.

뭉친 근육 풀기

신체 부위에 따라 발생할 수 있는 질병과 이로 인한 통증에 관해 알아보았다. 통증의 원인이 되는 뭉친 근육을 푸는 방법을 안다면 여러모로 도움이 될 것 같아 몇 가지 소개하고자 한다.

일단 뭉친 근육을 푸는 핵심은, '혈액순환'이다. 지압 받기나 전기장판에 지지기, 온탕에 들어가기, 마사지 기계로 근육 풀기 등, 근육을 푸는 방법은 여러 가지이지만 그 원리는 동일하다. 지압은 누르면서 혈액의 순환을 억압하고, 압력을 빼면서 혈액이 돌게 해 뭉친 근육을 푼다. 열치료와 마사지 기계도 자극은 다르지만 혈액순환을 촉진시킨다는 점에서 같다. 따라서 근육의 뭉친 정도나 위치에 따라 방법을 고르면 된다.

지압의 단점은 타인에게 의존해야 한다는 것이다. 가족에게 부탁할 수도 있지만 전문 인력을 통해 받으려면 비용도 만만치 않기에 자주 받기 쉽지 않다. 이때 '폼롤러'를 사용해 보자. 혼자서도 얼마든지 지압할 수 있고 같은 효과를 볼 수 있다. 타인이 등을 지압해 주는 압력을 거꾸로 뒤집어, 내 몸이 폼롤러에 올라가면서 재연하는 것이다. 유튜브에 검색해 보면 폼롤러를 활용해 뭉친 근육을 찾고 푸는 방법을 배울 수 있을 것이다.

이보다 손쉬운 방법은 바로, '마사지 건'을 이용하는 것이다. 기존의 마사지 기계보다 강력하고, 뭉친 근육을 때리는 기능도 있어 혈액순환을 돕는다. 보다 넓은 면적의 근육을 풀 때는 폼롤러를, 다소 좁은 면적의 근육을 부분적으로 골라서 풀 때는 마사지 건을 활용하는 것이 좋다.

폼롤러와 마사지 건을 함께 활용하여 '등과 하체 근육'을 집중적으로 푸는 것을 권장한다. 물론 다른 근육과 관절도 중요하지만, 이 두 곳이 올바른 자세를 구축하고 힘을 쓸 수 있게 하는 '길' 역할을 감당하기 때문이다.

뭉친 근육이 풀렸다면, 근육을 살짝 늘려주는 것이 좋다. 이것이 바로 스트레칭이다. 근육이 뭉친 상태에서 스트레칭을 하면 근육이 비효율적으로 늘어나기 때문에, 반드시 순서를 지켜야 한다. 근육의 결을 이해하고 늘리는 것이 중요한 이유다.

지금까지 상체의 거북목과 흉추 후만을 교정하고, 하체의 뭉친 근육을 푸는 방법을 알아보았다. 장년, 중년, 노년기 성인에게서 흔히 나타나기 쉬운 증상을 엄선했지만, 이 외에도 관절이나 근육 문제로 어려움을 겪고 있다면 주치의나 물리치료사를 만나 진료를 받은 후 다음 단계로 넘어가길 바란다. 걷기 운동보다 맛있고(?) 몸에도 좋은 운동들이 얼마나 많은지 경험해 보자.

근육에서 나오는 호르몬

중년, 노년기 운동 목표는 '근성장'이다. 물론 근육을 늘리는 방법은 책이 아닌 직접 운동을 통해 경험하는 것이 가장 바람직하지만,

일단 간단하게라도 개요를 알아두는 것이 좋다. 단, 여기서는 너무 의학적으로 설명하기보다 핵심만 간단히 설명하고자 한다.

인간의 몸은 온종일 TV나 스마트폰을 바라보며 앉아 있게끔 설계되지 않았다. 만약 여기서기 근육들이 쑤시고 저리다면 근육을 제대로 사용하지 못해서일 가능성이 크다. 당뇨나 고혈압이 있는가? 근력 운동을 해야 한다. 무릎이나 허리가 아픈가? 근력 운동을 해야 한다.

당신은 근육에서 호르몬이 나온다는 사실을 알고 있는가? 근력 운동을 하면 근육량이 많아져서 힘을 쓰는 데 도움이 된다는 건 누구나 안다. 하지만 환자들에게 근육에서 호르몬이 분비된다고 이야기하면 모두 깜짝 놀란다. 갑상선 호르몬, 남성·여성 호르몬, 아드레날린 등 그 종류도 다양한데, 일단 생체의 각종 샘에서 분비되어 순환계를 통해 이동하고 여러 기관에 도착하여 각종 생리현상과 행동까지 조절하는 신호전달 분자가 바로 호르몬이다. 그렇다면 근육에서 분비되는 호르몬은 어떤 영향을 미칠까? 근육에서 나오는 마이오카인myokine이 하는 역할[7]은 다음과 같다.

① 뇌로 가서 우울감을 떨어뜨리고, 인지기능을 향상시킨다.
② 췌장과 소장에 가서 인슐린 분비를 증가시킨다.
③ 혈관으로 가 내피기능과 혈관재생을 향상시킨다.
④ 부신으로 가 코르티솔cortisol 분비를 증가시킨다.

⑤ 면역세포의 면역기능을 증진시킨다.

⑥ 종양으로 가 종양세포 사멸을 돕는다.

⑦ 뼈에서 골형성과 골치유를 촉진한다.

⑧ 간의 염증을 가라앉히고, 혈당대사를 완만하게 한다.

⑨ 지방세포의 지방분해를 촉진한다.

이런 것들은 우리 인체 내부에 미치는 영향이기에 당장 피부적으로 와닿지 않을 수 있다. 그럼 보다 현실적으로 이야기해 보자. 근육에서 호르몬이 잘 분비되면 자연스럽게 자세가 좋아지며 이로 인해 어떤 옷을 입어도 태가 난다. 골프장에서는 드라이버 거리가 길어지고, 설거지를 할 때는 냄비가 한결 가벼워지는 등 일상생활이 한층 편해진다. 체지방 감소에도 도움이 된다. 근육은 같은 무게의 지방에 비해 부피는 약 20% 적고 칼로리 소모량은 5배 더 많기 때문에 지방이 늘어나는 것을 막아 지방간 치료와 예방에 좋다. 근육량이 많은 사람은 같은 유산소 운동을 해도 근육량이 적은 사람보다 훨씬 더 많은 체지방을 소모한다.

근력 운동을 정석으로 배우는 것은 골프 레슨을 받는 것과 비슷하다. 골프에 처음 입문할 때, 지인이나 유튜브 영상을 통해 스윙을 배울 수도 있지만 전문가가 따로 자세를 봐주지 않으므로 제대로 하고 있는지 알 수 없고 자칫 잘못된 자세로 하다가 다칠 수도 있다. 이처럼 근력 운동 또한 전문적인 트레이너에게서 배우는 것이 가장 좋다. 물론 비용이 다소 부담스러울 수 있지만, 몇 개월만 배워도 안전하고 효율적인 운동법을 터득하게 될 것이다. 이것이 힘들다면, 헬스장에 나가 운동 기구를 사용하기 전 유튜브의 영상을 보며 사용법을 익히자. 단, 영상만으로는 완벽하지 않기에 잘못된 자세로 몸이 다치지 않도록 주의해야 한다.

왜 헬스장에서 운동해야 할까?

많은 사람이 헬스장에서 운동하기 전 '일단 집에서부터 해보자'라고 생각할 것이다. 확실한 것은, 집에서 하는 것보다 헬스장에서 운동 기구를 사용해 하는 것이 훨씬 쉽고 안전하다는 것이다. 그럼에도 여건이 안 되는 사람을 위해 집에서 할 수 있는 근력 운동에 대해 알아보자.

근력 운동이라고 하면 아령을 드는 것이 가장 먼저 떠오를 것이다. 그런데 아령으로 이두근(뽀빠이 근육) 운동을 하는 건 투자 가치 대비 효과가 떨어진다. 허벅지 근육이나 등 근육에 비해 이두근은 너무나 작아서 앞서 언급한 근육 호르몬의 장점을 끌어내기에 부족하다. 무엇보다 자칫 아령을 잘못 사용하면 어깨와 허리를 다칠 수 있어서 사실, 아령은 중급자용 운동 기구에 속한다. 그래서 대부분은 근력 운동을 위해 헬스장을 찾는데, 코로나19 여파로 이것이 어려워졌다. 이로 인해 통계적으로도 심혈관 질환 발생률이 올라가고, 외래 진료 시 거북목과 허리, 어깨 통증을 호소하는 환자들 역시 증가했다는 것이 드러났다.

헬스장이야말로 가장 쉽고 안전하게 근력 운동을 할 수 있는 곳이다. 일반적으로 헬스장은 할 수 있는 운동에 따라 크게 세 공간으로 나뉜다. 첫째는, 러닝머신과 일립티컬elliptical(타원형 운동 기구로 하는 운동)을 할 수 있는 유산소 운동 공간이고, 둘째는, 아령과 무거운 중량이 있는 프리웨이트 공간, 셋째는 다양한 기구가 구비되어 있는 운동 기구 공간이다.

대부분의 사람은 유산소 운동 공간에서만 운동하고 집으로 돌아가는데, 이렇게 하면 준비 운동만 하다가 끝내는 것과 같다. 반면 프리웨이트 운동 공간에서 이뤄지는 운동은 대개 고난이도 동작이다. 자칫하면 관절이 상할 수 있으므로 초보자라면 운동 기구 공간에서 시작하는 것이 좋다. 이 세 번째 공간에 구비된 운동 기구로 하는 운동은 비교적 안전하다. 초보자들이 꼭 필요한 운동을 쉽고 안전하게 할 수 있게 돕는다. 설명서를 보지 않아도 동작을 따라 할 수 있을 만큼 단순하고 쉽다. 또한 운동에 필요한 근육만 따로 집중적으로 훈련할 수 있게 하므로 여러 관절을 한꺼번에 사용하다 다칠 가능성을 줄일 수 있다는 것도 장점이다.

운동 기구의 기본적인 사용법은 간단하다. '가동범위'를 생각하면 된다. 예를 들어, 스쾃squat 동작을 기반으로 하는 레그 프레스leg press를 사용한다고 하자. 레그 프레스는 대개 앉아서 시작한다. 다리의 최대 가동범위를 인식해 최대한 멀리 밀고, 최대한 깊게 무릎을 굽혀 무게를 가져오면 된다. 주의할 점은 무릎과 발의 방향이 일치해야 무릎이 상하지 않는다는 것이다.

만약 운동 기구 사용법을 이해하기 어렵다면 유튜브에서 특정 운동 기구 명칭과 사용법으로 검색하면 자세한 설명을 찾을 수 있으니 운동 전 꼭 살펴보자. 단, 운동할 때는 하루에 모든 운동 기구를 한 번씩 다 해보는 것보다 하체면 하체, 등이면 등, 상체면 상체로 나누어 집중적으로 하는 것이 좋다.

초보자가 시도해 볼 수 있는 하체 운동 기구로는, 레그 프레스, 레그 익스텐션leg extension, 레그 컬leg curl, 힙 애브덕션hip abduction 등이 있다. 이런 기구 이름들을 적어두었다가 헬스장에 직접 가서 어떤 운동 기구인지 보고 하나씩 시도해 보고, 잘 모르겠다면 유튜브에 검색해서 하는 방법을 정확히 익히자. 상체 운동 기구로는, 랫풀다운lat pull down, 시티드 로seated row, 숄더 프레스shoulder press, 체스트 프레스chest press가 있다.

실제로 나는 67세 여성 시니어 환자에게 이런 운동 기구의 명칭을 세세하게 적어주면서 운동을 적극 권장했다. 헬스장을 찾아 기구를 통해 근력 운동을 한 이 환자분은 몇 달 뒤 무릎과 어깨, 허리 통증이 크게 줄어들었다고 내게 이야기했다. 뿐만 아니라 운동 8개월 만에 당화혈색소도 6.3%에서 5.4%로 떨어져 매우 뿌듯해하셨다.

이름이 어려워서, 헬스장에 가는 게 귀찮아서, 가격이 비싸서 등 헬스장에 가지 않을 변명은 수도 없이 많겠지만, 이 환자분은 해내셨다. 누군가는 하고 누군가는 못 하는 것도 다 마음가짐의 문제다. 간절히 원하면 이뤄진다는 말처럼, 건강한 노년의 삶을 원하는가? 그렇다면 건강한 근육부터 갖춰야 한다.

다시 한번 강조하지만, 만약 현재 근골격계에 문제가 있다면 먼저 치료부터 받아야 한다. 이를 무시하고 운동부터 하면 비균형이 심해져서 돌이키기 어렵다. 물리치료사나 재활의학과 전문의에게 치료를 받고 있다면 어떤 운동을 해도 되는지를 먼저 확인한 뒤 시작하길 권한다.

집에서 할 수 있는 근력 운동

그렇다면 아령 없이, 또 헬스장에 가지 않고, 집에서 할 수 있는 운동은 없는 걸까? 고무밴드만 있으면 된다. '테라피 밴드'라고도 불리는 이 고무밴드는 물리치료에도 흔히 사용되기에 한 번쯤은 접해 보았을 것이다. 가격도 저렴하고, 온라인 몰에서 쉽게 구매할 수 있다. 고무밴드로 과연 근력 운동을 할 수 있을까? 근력 운동의 또 다른 이름은 저항성 운동resistance training이다. 저항이 있어야 근성장이 이뤄지기 때문이다. 아령은 무게 때문에 중력이 아래에서 끌어

당기는데 그 저항을 이겨냄으로써 근성장이 이뤄지고, 고무밴드는 무게는 가벼워도 탄력성이 있으므로 그 저항을 이겨내 근성장을 이룰 수 있다. 그럼 고무밴드나 집에 있는 물건으로 할 수 있는 근력 운동을 알아보자.

고무밴드를 이용한 등과 어깨 운동

이는 거북목 치료와 어깨 통증 완화에 도움이 되는 운동이자 좋은 자세 구축법으로 앞에서 잠깐 소개한 운동이다. 고무밴드를 등과 어깨에 사용하여 당기는 동작이다. 앉은 자세에서 발 중간에 고무밴드를 고정하거나, 문손잡이에 고무밴드의 중간지점을 묶은 뒤, 고무밴드의 양쪽 끝부분을 손으로 잡고 당기는 것이다. 태권도에서 기합을 넣을 때처럼 당길 때는 허리 부분으로 당겨준다. 이때 팔만 움직이지 말고 등에서 견갑골을 모으는 느낌으로 운동한다.

고무밴드 대퇴사두근 운동

무릎이 아플 때는 대퇴사두근 운동을 권한다. 대퇴사두근은 허벅지 앞쪽에 있는 커다란 근육으로 무릎을 보호하는 역할을 한다. 걸을 때 몸무게를 지탱하는 데 사용되고, 앉았다가 일어날 때 주로 사용되므로 많은 시니어가 반드시 단련해야 할 근육이다. 만약 오른쪽 무릎이 불편하다면, 의자에 앉은 자세에서 고무밴드를 반으로 접어 오른쪽 발목에 걸고, 고무밴드 반대쪽 끝을 왼손으로 잡아준

고무밴드 운동

다. 여기서 왼발로 고무밴드를 지그시 눌러준다. 왼발로 고무밴드를 바닥에 지탱한 상태에서 오른쪽 무릎을 펴주며 허벅지 운동을 한다. 이렇게 총 20회씩 3세트를 한다(단, 무릎 손상이 심하다면 반드시 주치의 또는 전문의와 상의하고 시행하라).

의자 스쾃

스쾃이란 앉았다 일어났다 하는 동작을 뜻한다. 설명만 들으면 하체 운동 같겠지만 제대로 하면 전신 운동이 된다. 스쾃 동작은 다소 복잡해서 글로 이해하기보다 영상으로 보는 것이 이해하기 더 쉬울 것이다. 유튜브에 '스쾃' 혹은 '스쿼트'로 검색하면 백만 뷰가 넘는 영상들도 많으니 여러 영상을 참고하여 자신의 스쾃 자세를 교정해 보라. 초보자라면 의자에서 일어났다 앉았다 하는 의자 스쾃을 권한다. 어깨너비로 서고 두 발은 살짝 외회전하여 10시 10분을 향하게 위치시키고 의자에서 일어날 때는 대둔근에 힘을 준다.

내가 이 3가지 운동을 선택한 것은 이를 통해 큰 근육을 운동시킬 수 있기 때문이다. 이두근 같은 작은 근육이 아닌, 큰 근육을 단련하면 칼로리 소모도 크고 자세 개선에도 도움이 된다.

중·노년기 흔한 근골격계 질환들

허리 통증 Q&A

국민 동요 중 하나인 '꼬부랑 할머니' 속 할머니는 대체 언제부터 허리가 구부정해지신 걸까? 왜 이 할머니는 만성 '꼬부랑' 증후군이 될 때까지 치료를 받지 않으신 걸까? 이는 노년기 어르신들에게서 흔히 보이는 '척추관 협착증'과 관련이 있다. 60세 이상의 시니어 중 30%에게 있는 이 흔한 질환은 노화 과정에서 척추관이 좁아지는 퇴행성 질환이다. 이 질환이 있으면 허리를 구부정하게 만들 때 통증이 완화되므로 점점 지팡이나 보행기를 의지해 동요에서 나오는 것처럼 꼬부랑한 자세를 취하게 된다.

그럼 노년기 허리 통증과 관련해 많이들 궁금해하는 몇 가지를 Q&A로 정리해 보자.

Q _ 척추관 협착증의 초기 증상이 있나?

A _ 허리에 통증이 느껴지면서 다소 뻣뻣해지는 것이다. 이를 방치하면 통증이 다리 부위로 퍼져나가 다리 저림이나 근력 약화 등이 나타난다. 증상은 서서히 진행되는데, 움직이면 통증이 나타나고, 안정을 취하면 증상이 사라져 병변은 노화로 착각하기 쉽다. 따라서 극심한 통증으로 적극적으로 치료하게 되는 허리디스크와 달리, 척추관 협착증은 시간을 흘려보내며 병을 키울 때가 많아서 실제로 '꼬부랑 할머니'가 될 때까지 간과하고 방치되는 경우가 많다. 허리에 통증이 생기거나 다리 부위의 경련이나 저림 같은 신경 증상이 나타나면 가볍게 여기지 말고 검사를 받아보는 것이 좋다.

Q _ 수술 외에 다른 치료법은 없나?

A _ 환자 상태에 따라 약물치료, 운동요법, 물리치료 등의 비수술적 방법을 우선 시행하지만, 약물이나 물리치료만으로는 좁아진 통로를 넓힐 수 없으므로 완전한 해결이 어렵다. 사실상 이같은 비수술적 치료의 목적은 최대한 시간을 버는 것이다. 4년 기준으로 보면, 척추관 협착증 환자의 15%는 호전되고, 15%는 악화되며, 70%는 그대로 유지된다.

Q _ 수술만은 피하고 싶다면?

A _ 막연히 수술을 미루는 것도 문제다. 계속 미루다가 시기를 놓치면 다리 근육이 위축되어 수술 후 재활하는 데 더 오랜 시간이 소요되기 때문이다. 또한 위축된 하체 근육으로 인해 낙상의 위험 또한 커질 수 있다. 이는 수술이 잘 안 된 사례들을 연구한 결과 입증된 사실이다. 재수술 없이 성공한 사례들을 보면, 수술 전 환자의 하체 기능이 좋고 만성질환이 적거나 관리가 잘된 경우일 때가 많았다. 수술을 고려해야 하는 상황이라면 허리 척추 MRI를 찍고, 척추 수술 전문의를 만나 상담하면서 계획을 세워야 한다. 또 수술을 하기로 결정했다면 재활치료는 수술 전후로 신중히 해야 한다. 여러 이유로 수술 후 물리치료를 소홀히 하면 재수술 가능성 또한 매우 커지기 때문이다.

무릎 관절 Q&A

내가 자주 만나는 만성 무릎 통증 환자들 중 대다수는 무릎 주사나 관절 영양제를 찾는다. 하지만 정작 중요한 것은 따로 있다. 무릎은 힘을 받는 관절이기에 근력 운동을 통해 관절을 튼튼하게 만드는 것이 우선되어야 한다는 것이다. 단, 무릎의 기능 한도를 넘지 않도록 주의해야 한다.

Q _ **무릎이 아프면 정형외과에 가야 할까, 관절내과에 가야 할까?**

A _ 정형외과 전문의는 치료 방식 중 수술을 선호하여 진로를 선택한 이들이다. 이들 또한 비수술적인 관절치료에 관해서도 잘 알고 이를 지도하지만, 굳이 비교하자면 관절내과나 일반내과 혹은 가정의학과 의사들이 조금 더 섬세하게 설명하고 안내할 수 있다. 내과 전문의들은 환자의 무릎 통증 관리를 총괄하는데, 수술이 필요 없어 보이면 물리치료를 권하고, 수술이 필요하다고 판단하면 MRI를 찍고 정형외과에 보내는 등 환자에게 맞는 적절한 치료를 권한다. 또한, 물리치료사는 관절치료에 있어 정형외과나 관절내과 선생님과 함께 매우 중요한 역할을 담당하는 의료진이다. 무릎 주사만 해도, 정형외과, 관절내과, 일반내과, 가정주치의 대부분이 주사 처방을 할 수 있기에 환자 본인이 편한 쪽에서 받으면 된다.

Q _ **무릎 통증 관리를 위해 가장 중요한 1가지를 꼽으라면?**

A _ 주저 없이 "무릎은 그만 괴롭히고 허벅지를 공략하라"라고 말하겠다. 많은 사람이 장시간 앉아 있거나 운동이 부족해서 허벅지 근육이 뭉친 채로 생활한다. 나 역시 장시간 앉아서 일하는 데다 오랜 시간 운전하기에 앉아 있는 시간이 정말 많다. 그래서 하루에 한 번씩은 뭉친 허벅지 근육을 풀기 위해 스트레

칭을 한다. 그래야 앉고 일어설 때나 걷거나 가볍게 조깅할 때 무릎 대신 허벅지 근육을 사용할 수 있기 때문이다. 하지만 무릎 관절이 심하게 상하게 되면 아무리 허벅지 근육을 풀고 단련시켜도 한계가 있으므로 가끔 무릎 통증을 느끼는 초기 단계부터 운동을 시작해야 한다. 다만 한두 가지 허벅지 운동을 모든 사람이 따라 할 수 있는 건 아니기에, 물리치료사를 찾아 개인적으로 검사를 받고 맞춤 운동 처방전을 받길 바란다.

Q _ **무릎 영양제는 효과가 있나?**

A _ 대표적인 무릎 영장제로는 글루코사민과 콘드로이틴이 있고, 강황도 연골에 좋다고 알려져 있다. 다만 이런 영양제의 확실한 효과가 입증된 건 아니다. 나는 늘 환자에게 본인이 복용해보고 효과가 있다면 계속 복용하고, 큰 효과를 못 느끼겠다면 끊으라고 이야기한다. 딱 거기까지다. 정답이 있는 것은 아니기 때문이다. 하지만 이런 보조제가 한두 가지를 넘어 지나치게 많아지면 처방전의 약을 복용하는 데 부담이 크므로, 이때는 보조제부터 줄이라고 권한다. 다약제 복용만은 되지 않게 주의를 주는 것이다.

Q _ **무릎 주사는 언제 맞는 것이 좋을까?**

A _ 나는 종종 '주사 한 대 맞으면 싹 다 낫는다'라고 생각하는 시

니어 환자들을 만난다. 이분들은 대개 경구복용제는 약하고 주사치료는 강하다고 생각하는데, 의사인 나는 그렇게 생각하지 않는다. 사람들은 경구복용제는 약물이 전신으로 흡수된 후 무릎으로 전달되고, 주사치료는 약물이 무릎에만 투여된다고 생각하는데, 이렇게 생각하면 단연 주사치료가 훨씬 나아 보인다. 다른 신체 부위의 부작용을 최소화하고 무릎에만 약물이 들어가니 얼마나 좋은가? 하지만 모든 환자를 대상으로 주사치료부터 시작하지 않는 것은 주사 부위 감염 문제와 다른 불상사 때문이다. 자칫 관절에 박테리아가 번식하게 되면 이보다 끔찍한 악몽도 없다. 이런 문제의 심각성을 이해한다면, 주사치료를 처음부터 권하지 않는 이유와 언제 주사치료를 시작할 수 있는지도 짐작할 수 있을 것이다.

Q _ 무릎 주사는 효과가 있나?

A _ 이는 성분에 따라 다르다. 가장 흔한 무릎 주사는 '뼈주사'라고 불리는 스테로이드 약물을 사용하는 주사다. 약물의 색깔이 흰색이라 '우유 주사', '쌀뜨물 주사'라고도 불린다. 스테로이드는 염증을 억제하고 조직의 부종을 줄이며 통증을 느끼는 신경의 과흥분 상태를 안정화시켜 급성 염증 시 통증을 없애고 원활한 회복을 돕는다. 의료계에서도 스테로이드 관절주사의 효과는 인정한다. 하지만 연구 결과에 따르면, 이로 인한 진

통 효과는 평균 4주 정도 지속될 뿐이다. 물론 더 오래 효과를 보는 환자들도 있긴 하다. 두 번째는 '연골주사'라고 불리는 히알루론산 주사다. 사실 히알루론산 주사가 큰 인기를 누리게 되면서 수차례 임상시험에 들어갔으나 사실상 효과가 미미해 임상적으로 확실한 효과가 있다고 판정받지는 못했다. 그렇다고 치료 효과가 전혀 없다고 볼 수는 없다. 실제로 내가 돌보는 환자들 중에도 히알루론산 주사를 맞은 뒤 무릎 통증이 완화된 사례도 많아 시도해 볼 만한 방법이라고 생각한다.

Q _ 무릎 수술은 언제 하는 것이 좋을까?

A _ 무릎 수술의 관건은 타이밍이다. 큰 수술이므로 당연히 부담이 되기도 하지만, 그저 두려워서 수술을 미루다 보면 문제가 커질 수 있다. 문제는 허벅지 근육이다. 무릎이 너무 아파서 운동을 하지 못하고 걷는 것조차 안 하게 되면 허벅지 근육이 급격히 줄어든다. 허벅지 근육이 소실되고 얇아진 상황에서, 무릎관절만 교체하는 것이 무슨 의미가 있겠는가? 의사가 새로운 무릎관절을 넣어준다고 해도 재활이 필요한데, 허벅지 근육이 얇아진 상태라면 다시 근육부터 키워야 하기에 정상적인 생활을 하기까지 수개월이 필요하고 쉽게 진도가 나가지 않아 우울증이 올 수도 있다. 실제로 무릎 수술을 한 환자들을 대상으로 수술이 잘된 사례와 그렇지 않은 사례를 비교해 통계를

내본 결과, 수술 성공 사례들은 환자 스스로가 독립적으로 생활할 수 있을 때 수술을 한 경우였다.

....

Q _ **무릎 수술을 한 뒤 더 안 좋아졌다는 사람도 있는데?**

A _ 수술 후 재활 과정을 오해해서 이런 말이 나온 것일 테다. 무릎 수술을 받고 처음으로 관절이 좋아졌음을 느낄 수 있는 때는 6주에서 12주 후다. 심지어 완전한 회복은 1~2년 후에나 가능하다. 따라서 수술 후 첫 몇 개월은 오히려 무릎이 붓고 열감이 남아 있어 안 좋아졌다며 걱정하는 환자들도 있다. 하지만 정형외과 전문의의 지도하에 물리치료사와 재활 운동을 하면서 수술 전 무릎 상황에 맞게 현실적인 목표를 세우고 물리치료를 병행하면, 부기도 빠지고 열감도 줄어들어 1년 정도 되었을 무렵 대부분의 환자가 그렇듯 아무 탈 없이 수술을 잘했다는 생각이 들 것이다.

....

Q _ **급성 무릎 통증은 어떻게 해야 할까?**

A _ 갑작스럽게 찾아온 무릎 통증은 대부분 외상 또는 염증이 원인이다. 흔히 부기가 동반되어 주사기로 '물을 빼는' 치료를 하게 된다. CT 또는 MRI 촬영을 하고 소염제 치료를 병행하는 등 일반내과에서도 치료가 가능하다. 확실한 건 병원을 찾아 정확한 진료를 받아야 알 수 있다.

....

낙상 예방 Q&A

앞에서도 말했지만, 시니어 환자들에게 가장 치명적인 사고 중 하나가 낙상이다. 한번 크게 넘어지면 골절이나 타박상으로 인해 병원 신세를 져야 하는 것은 물론, 자칫 여생을 간병인이나 가족에게 의지하며 보내야 하는 등 인간의 기본적인 자유를 앗아갈 수 있기 때문이다. 실제 미국 CDC(질병통제예방센터)에 의하면, 65세 이상의 시니어 3명 중 1명이 매해 낙상 사고를 입는다고 한다. 크게 넘어져 입원하게 된 환자 중 반 정도가 1년을 넘기지 못하고 사망하고, 또다시 넘어질 가능성도 70%나 되기에, 많은 어르신이 넘어지는 것을 두려워한다.

사실, 넘어질까 조심은 하면서도 구체적으로 무엇을 어떻게 조심하고 챙겨야 하는지는 모르는 경우가 많다. 관련해서도 몇 가지 질문과 답으로 정리하자.

....

Q _ 온몸으로 걷는다는 게 무슨 뜻인가?

A _ 낙상 예방을 위해 명심해야 할 것은, 걸을 때 다리가 아닌 온몸과 마음으로 걷는다고 생각해야 한다는 점이다. 온몸으로 걷는다는 것은 다리뿐 아니라 골반, 허리, 복근, 양팔, 눈, 귀 등 우리 몸의 다양한 감각 시스템을 활용해 걷는다는 의미다. 또 눈과 귀를 열어놓고 팔을 앞뒤로 흔들며 걸어야 한다. 눈으로

는 발 앞이 아닌, 보다 먼 곳을 내다보면서 귀로 주변 소리를 파악하며 걸어야 한다. 연구 결과에 의하면, 시니어들은 시력이 좋지 않아서 자동반사 반응속도가 느리기에 넘어졌을 때 더욱 심하게 다친다고 한다. 또 걸을 때 양팔을 앞뒤로 흔들면 복근과 등허리 근육이 활성화되어 균형을 잡는 데 도움이 된다.

Q _ **마음도 함께 걷는다는 건?**

A _ 나이가 들면서 예전 같지 않은 몸 때문에 조금만 걸어도 무릎이나 고관절이 아플 수 있다. 이처럼 몸은 다소 뻣뻣하고 느려지지만 마음은 어떤가? '마음만은 이팔청춘'이라는 말처럼, 몸과 달리 마음은 저 멀리 앞서가 있다. 마음이 급해서 서두르다가 넘어지게 될 때가 많으므로 걸을 때는 마음이 너무 앞서가지 않도록 내 몸에 맞춰 신중히 생각하며 걸어야 한다. 특히 인지력 저하나 우울증이 있을 경우, 낙상의 위험 또한 높아지기에 주기적으로 검사를 받길 권한다.

Q _ **낙상을 일으키는 질환들도 있나?**

A _ 낙상의 위험을 높이는 내과적 질환들이 있다. 당뇨가 있을 경우 당뇨 합병증으로 인해 낙상의 위험이 1.6배 올라간다. 요실금이 있는 시니어 여성도 그렇지 않은 여성에 비해 낙상 위험이 3배나 높다. 파킨슨병도 빼놓을 수 없다. 무려 70%의 파킨

슨 환자들이 낙상을 경험하는데, 이들은 낙상으로 인한 고관
절 골절상을 입을 위험이 3.2배나 높다.

....

Q _ **족하수를 확인하라는데?**

A _ 근육 이상이나 신경 압박 또는 손상 등으로 근육이 약해져 발
목을 들지 못하고 발등을 몸 쪽으로 당기지 못해서 자꾸 발이
아래로 떨어지는 증상을 족하수foot drop라고 한다. 따라서 자
신에게 이러한 증상이 없는지 확인해야 한다. 한번 오른쪽 발
목을 위로 꺾어 들어보라. 왼쪽 발목도 똑같이 들어보라. 한쪽
이 반대쪽보다 올리는 힘이 약한 것 같으면 손으로 발을 누른
상태로 다시 한번 발목을 올려보라. 저항을 이기며 발을 드는
것이 어렵다면 족하수를 의심해야 한다. 보행 시 인간은 무의
식적으로 발을 살짝 올려 바닥에 끌리는 것을 방지한다. 하지
만 근육의 이상이나 신경의 압박 또는 손상 등으로 인하여 근
육이 약화되면 발목을 들지 못하고 발등을 몸쪽으로 당기지
못하여 발이 아래로 축 처지는데, 이것이 족하수다. 교통사고
로 종아리 옆으로 지나가는 비골신경이 손상되거나, 경미한
뇌졸중으로 한쪽 다리가 마비되는 경우 흔히 발생한다. 특히
다리를 장시간 꼬고 있거나, 오랫동안 무릎을 꿇어야 하는 집
안일을 할 경우 비골신경이 눌려 족하수가 발생할 수 있다. 몸
의 중심을 잡고 양쪽 허벅지를 들어 올릴 수 있으려면 골반과

허리가 튼튼해야 한다는 말도 같은 이치에서다.

....

Q _ **지팡이나 워커 같은 보조도구를 사용하는 건 어떨까?**

A _ 시니어 환자들은 흔히 스스로 아직 지팡이를 짚을 나이는 되지 않았다며, 혹여 '나이 들어 보일까' 싶어 보조도구를 사용하는 것을 꺼린다. 하지만 낙상을 당하면 더 힘든 상황이 생기기에 이런 기구들을 사용하는 걸 주저하지 말자. 의사와 물리치료사의 권고에 따라 필요한 보조도구를 사용하길 권한다.

....

Q _ **낙상 예방 비타민, 효과가 있나?**

A _ 비타민 D가 낙상에 미치는 영향에 관해서는 많은 연구가 있어 왔다. 사실 허벅지에는 크게 2가지 근육이 있다. 천천히 오랫동안 '지탱할 수 있게 하는 근육'과 빠르게 달릴 때 필요한 '빠른 근육'이다. 자칫 균형을 잃어서 재빠르게 힘을 주어 지탱해야 할 때는 주로 빠른 근육이 쓰인다. 노년기에는 이런 빠른 근육의 양이 줄어들기에 더욱 쉽게 넘어지는 것이다. 하지만 비타민 D는 이처럼 빠르게 움직이는 근육의 크기와 숫자를 증가시켜주어, 균형 감각을 향상시키고 낙상을 예방한다. 뿐만 아니라 비타민 D는 우울증과 치매 예방에도 효과가 있으며, 보행에 필요한 올바른 정신을 갖는 데도 도움이 된다. 비타민 D의 혈중농도가 30ng/mL 이하일 때 균형 문제, 하체기능 문제,

약해진 근육, 높은 낙상률, 골다공증이 심해진다는 연구 결과는 물론, 혈중농도가 높으면 낙상률이 줄어든다는 연구 결과들도 허다하다.

....

비결 1 요약

1. 노화로 인한 근감소증 때문에라도 50대부터는 반드시 근력 운동을 해야 한다.

2. 거북목, 흉추 후만, 골반 전반 경사를 고치면 자세를 쉽게 바로 잡을 수 있다. 올바른 자세를 갖춰야 근력 운동을 할 때 올바르게 힘을 전달할 수 있어 다치지 않는다.

3. 폼롤러와 마사지 건으로 혼자서도 쉽게 근육을 풀 수 있다.

4. 헬스장을 두려워하지 말자. 운동 기구를 사용하는 것이 아령을 드는 것보다 오히려 쉽고 안전하다.

5. 집에서 운동할 경우 고무밴드로 저항을 이용하면 근성장에 도움이 된다.

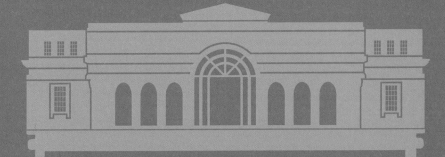

비결 2

내 마음
사용법을 안다

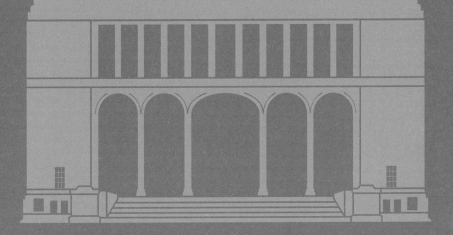

스탠퍼드 시니어 클리닉에서 만난 한 어르신은 내게 잊지 못할 기억으로 남았다. 췌장암 투병 중에도 늘 감사하다는 말과 미소를 잃지 않으셨던 그분은 마지막으로 진료실을 찾으셨을 때도 "닥터임, 잘 치료해 줘서 참 고마워요"라고 하셨다. 우리는 다음을 기약했지만 얼마 후 아들에게서 어르신의 소천 소식을 들었다.

수많은 암 환자의 마지막 순간을 보고 함께한 나였지만, 오랜 시간이 흐른 지금까지 기억에 남는 그 환한 미소의 원천은 무엇이었을까? 상황 때문에 기쁘고 슬퍼지는 것이 아니라, 어떤 환경에서도 자신의 마음과 감정을 살피고 이해하며 사용할 수 있어야만 투병 중에서도 그 같은 미소를 머금을 수 있는 게 아닐까 싶다. 본인의 이

익만 따지고 챙기는 노인으로 기억될 것인가, 주변인에게 덕과 아량을 베푸는 어르신으로 기억될 것인가는 '마음 사용'에 달린 것이다.

지혜라는 덕목

오스트리아의 신경과의사이자 정신분석의 창시자인 지그문트 프로이트Sigmund Freud와 당시의 많은 심리학자는 인간의 정서적 발달은 소아기에 대부분 이뤄지고, 노년기는 쇠퇴기이자 부정적이며 정적인 시기라고 주장했다. 반면 미국의 심리학자 에릭 에릭슨Erik Erikson은 정신분석학적 관점에 따라 인간 발달을 영아기에서 노년기까지 총 8단계로 구분했는데, 노년기에도 여전히 내적인 갈등이 존재하고 이를 해결해야 할 시기라고 보았다. 그럼 노년기에 어떤 심리적 발달을 이루어야 할까?

에릭슨은 '에릭슨의 심리 사회적 발달 이론'을 통해, 각 연령대에 겪는 대표적인 갈등을 발표하였다. 이를테면 청소년기엔 자신의 머리를 염색하는 등 '자아정체감 vs. 역할 혼미' 갈등을 겪다가 본인의 자아를 찾으면서 다음 단계로 넘어가고, 성인이 되어서는 '친밀감 vs. 고립감', '생산성 vs. 침체감'을 겪으며 가정을 꾸리고 돈을 벌며 살게 되는 갈등 등이다. 구체적으로는 다음과 같다.

에릭슨의 심리 사회적 발달 이론

시기	적응 대 부적응 방식	덕목
0–1세	신뢰감 vs. 불신감	희망
1–3세	자율성 vs. 수치심	의지
3–5세	주도성 vs. 죄책감	목적
6–11세	근면성 vs. 열등감	유능성
12–18세	자아정체감 vs. 역할혼미	충실성
18–35세	친밀감 vs. 고립감	사랑
35–55세	생산성 vs. 침체감	배려
55세 이상	자아통합 vs. 절망감	지혜

표에서 보듯 에릭슨은 55세 이상의 성인에게는 '자아통합 vs. 절망감'이라는 갈등이 있다고 제시했다. 이러한 갈등은 이 시기에 사람들이 자신의 생애를 돌이켜보면서 과연 가치 있는 삶이었는지 평가하면서 대두된다. 에릭슨은 인생을 살다 보면 다양한 만족과 후회가 있을 수 있는데, 재정적 안정만을 평가 기준으로 삼기보다 포괄적으로 평가하여 그 안에서 의미를 찾아야만 진정한 의미에서의 '통합'을 이룰 수 있으며, 반면 자기 인생에 대한 혐오와 죽음에 대한 두려움이 과도할 경우 '절망감'이라는 부정적인 특성이 야기된다고 주장했다. 이 갈등으로 노년기엔 '지혜'라는 덕목을 얻게 되거나 '경멸'이라는 병리적 성격을 지니게 될 수 있다는 것이다.

·

앞서 소개한 어르신은 췌장암 진단을 받기 전에도 항상 자신의 삶에 만족하였고, 자녀들도 다들 잘 자랐다며 매사에 감사를 표했다. 그의 말과 행동에서는 늘 삶의 지혜가 엿보였다. 그러한 미덕이 나를 비롯한 주변인들에게도 긍정적인 영향을 미쳤으리라 짐작한다.

장년기 이후부터 노년기에 자신의 생애를 돌이켜보며 평가하고 싶다면 어떻게 해야 할까? 인생과 감정을 평가하는 데 훌륭한 도구가 있다. 바로, 감성지능이다.

내 마음에 귀를 기울일 줄 아는 능력

1990년대 말에는 'IQ 테스트'라는 지능 지수 검사가 인기였다. 높은 IQ가 사회적 성공으로 향하는 열차의 승차권처럼 여겨지기도 했다. 하지만 근래 들어서는 감성지능, 즉 EQ의 중요성이 더욱 강조되고 있는 추세다. 시니어들에게도 마찬가지다. 여러 연구에 의하면, 감성지능이 높을수록 정신질환에 걸릴 위험이 낮고, 감성지능이 낮은 사람이 우울증과 불안증에 시달릴 위험이 높다고 한다.[1]

외래에서 여러 시니어 환자들을 만나 진료할 때마다 느끼는 건 다들 성격이 제각각이라는 사실이다. 바꿔 말해, 사람마다 감성의 성숙도가 다르다. 성숙한 이들은 넓은 이해심을 바탕으로 본인의 감정을 잘 다스리지만, 그렇지 않은 이들은 자신의 감정을 표출해야지 '직성이 풀린다'는 식으로 하소연하기 바쁘거나 이야기가 주제에서 벗어나 삼천포로 빠지는 경우가 많다.

감성지능은 어떻게 구분하고 발전시킬 수 있을까? 다음의 표를 보며 구체적으로 알아보자.

감성지능

감성지능은 크게 4가지로 나뉜다. 자아 인식, 감정 관리, 사회적 인식, 관계 관리다. 이미 눈치챘겠지만 자아 인식과 감정 관리는 개인적 감성지능에 해당하고, 사회적 인식과 관계 관리는 사회적 감성지능에 해당한다.

자신의 감정 상태를 명사나 형용사를 사용해 인식할 수 있는 능

	나의 관점	나의 역할
개인적	자아 인식 self-awareness • 본인의 감정 상태를 인식할 수 있다. • 타인이 본인에게 어떻게 감정적으로 영향을 끼칠 수 있는지 인지한다.	감정 관리 self-management • 본인에게 해를 입히는 감정을 억제한다. • 본인의 가치관과 일관성 있게 행동한다.
사회적	사회적 인식 social-awareness • 눈치가 빠르고 상황을 정확히 판단할 수 있다. • 상대방과의 대화에서 숨은 뜻을 파악할 수 있다.	관계 관리 relationship management • 사회에서 여러 사람과 잘 어울린다. • 갈등 상황이 벌어지면 지혜롭게 처리한다.

력을 자아 인식이라고 한다. 목소리가 커지고 말이 빨라지면 본인이 흥분했다는 것을, 상대방의 말을 듣고 마음이 따뜻해지면 감동했다는 것을 인식하는 것이다. 또한 본인의 장단점을 알고, 타인이 어떻게 자신에게 감정적으로 영향을 끼칠 수 있는지 인지하는 것도 자아 인식이다. 이런 자아 인식이 훈련되어 있으면 수시로 자신의 감정을 평가할 수 있고 이를 통해 분노를 다스릴 수 있게 되고, 큰일이 생겨도 당황하지 않게 된다. 이렇게 훈련을 통해 감정을 다스리는 것이 감성지능 중 하나인 '감정 관리'다. 감정을 관리한다는 것은 자신에게 해가 되는 감정을 억제하고, 평소 자신의 가치관과 일관되게 행동하는 것이다.

그렇다면, 사회적 감성지능은 무엇일까? 사회적 인식은 자아 인식과 흡사하다. 공감 능력이 뛰어난 사람은 눈치가 빠르고, 다른 사람의 감정과 요구, 우려를 이해한다. 또 상대방의 감정적인 신호를 포착하고 사회적으로 편안함을 느끼는 한편, 조직의 위계질서도 잘 파악한다. 특히 누군가와 대화할 때도 상대의 이야기를 경청하며 그 대화 속에 숨은 실제 의미를 파악해 낸다. 또한 사회적 감성지능이 높으면 '관계 관리'를 통해 사람들과 잘 어울리고, 좋은 관계를 유지하거나 발전시키고, 명확하게 의사소통하며, 타인에게 영감을 주고, 갈등을 지혜롭게 처리한다.

사실 이런 감성지능에서 비롯된 각종 기술은 본인도 모르게 발휘되는 경우가 많다. 상대의 눈치를 보며, 공감하기도 하고, 상대의 감정을 이해하면서, 자신의 감정도 적절하게 표현하는 것이다. 이처럼 감성지능은 노년기 삶의 질을 높이는 데 매우 큰 영향을 미치므로 감성지능을 끌어올리는 운동 또한 신체운동 못지않게 중요하게 다뤄야 한다.

감성지능 발달을 방해하는 요인들

앞서 설명했듯 노년기에는 자신의 마음을 헤아리고 다스리는 능력이 요구된다. 다만 과거와 달리 현대사회에 접어들면서 시니어들의 감성지능 발달을 저해하는 요인이 상당히 늘어난 것도 사실이다. 그중 몇 가지만 살펴보자.

과한 영상 시청

80대, 90대 어르신 환자들을 만나며 종종 놀라곤 하는데, 그중 하나는 이분들이 유튜브 영상을 정말 자주 그리고 상당히 많이 보신다는 걸 알게 될 때다. 유튜브에는 재미있는 콘텐츠가 넘쳐나고, 사용하기도 쉬워서 언제든 원하는 콘텐츠를 시청할 수 있다. 하지만 모든 것이 그렇듯, 지나친 것은 모자람만 못하다. 영상은 느끼는 감정을 정리하기도 전에 다음 장면으로 바뀌면서 또 다른 감정으로 변환시키기에 감성지능 발달을 방해한다.

시청자는 영상이 지루하게 느껴지면 더는 보지 않는다. 나 역시 현재 '99세까지 88하게_임영빈 내과' 유튜브 채널을 운영하고 있지만, 초창기에 제작한 영상을 보면 너무 의학적이고 딱딱해서 재미가 없다는 생각이 든다. 이후 영상 기획과 촬영, 편집을 배우면서 알게 된 것은 시청자가 집중할 수 있는 시간은 매우 짧고, 그들이 영상을 계속 보게끔 붙잡으려면 반복된 자극으로 그들의 눈과 귀를 계속 즐겁게 해줘야 한다는 것이었다. 전문가가 아닌 사람도 이렇게 아는데 전문 방송 PD들은 '시청자 자극'에 관해 얼마나 꿰뚫고 있겠는가? 우리나라 예능 프로그램만 봐도, 웃기는 장면이 나오고 이어서 허무한 장면이나 질책하는 장면 등이 연달아 나오는 등 이야기 전환이 매우 빠르다는 걸 알 수 있다. 이에 시청자가 느껴야 하는 감정들 또한 거의 정해져 있는 셈이다. 이는 우리가 어떤 감정을 느끼고 있는지 파악하는, 다시 말해, 감성지능을 훈련시킬 시간이 없는 것이다. 그에 비해 책은 어떤가? 자신의 페이스대로 매 문단 또는 문장을 읽으며 거기서 느끼는 감정과 지식 습득의 속도를 스스로 조절할 수 있다. 독서야말로 감성지능을 발달시킬 수 있는 매우 좋은 방법인 것이다.

꼰대 마인드

'꼰대'라는 단어를 들으면 떠오르는 사람이 있는가? 아마 대개는 본인보다 나이가 많은 사람일 것이다. 구태의연한 사고방식을 남에게 강요하는 사람들을 지칭할 때 우리는 꼰대라고 말한다. 그런데 이들은 왜, 어쩌다가 꼰대가 된 것일까? 만약 그 사람의 감성지능이 발달했다면, 공감력이 뛰어나고 상대방의 감정을 파악할 수 있었을 테니 타인에게 본인의 주장만 강요하진 않았을 것이다. 이렇듯 꼰대는 일단 감성지능이 낮은데, 본인도 모르는 사이 그렇게 되었을 가능성이 크다. 그들의 감성지능 발달이 멈추게 된 결정적인 이유는 무의식적으로 자아를 보호하기 때문이다.

꼰대들은 자신을 보호하기 위해 온갖 방어기제로 무장한다. 감정적 상처를 최소화하기 위해서 자신도 모르는 자동생각 또는 자동행동 메커니즘이 작동하는 것을 '방어기제'라고 한다. 방어기제의 주된 역할은 심리적 안정으로, 죄책감이나 불안에서 벗어나 자존감을 보호하는 기능을 한다.

꼰대 마인드에서 벗어나려면, 내 안의 미성숙한 방어기제들을 찾아내고 본인의 약점을 이해하고 순응하며 발전의 기회로 삼아야 한다. 미성숙한 방어기제는 무의식적으로, 자동반사적으로 나오기에 내가 어떤 방어기제를 사용하는지 인지하지 못할 때가 많다. 흔히 사용하는 미성숙한 방어기제로는 부정, 전치, 합리화 등이 있다. 예를 들어, 앞서 이야기한 감성지능을 키워야 한다는 말에 대해, '감성지능 따윈 내게 필요 없어(부정)', 또는 '감성지능? 나야 충분히 좋으니 괜찮아(합리화)'처럼 무의식적으로 반응했다면, 당신이 방어기제를 사용한 것이다. 이 밖에도 억압, 동일시, 전이, 행동화 등 수많은 미성숙 방어기제가 있다.

물론, 방어기제가 무조건 나쁜 것은 아니다. 성숙한 방어기제는 어려운 상황이 닥쳐도 지혜롭게 대처하고 감정적으로 치우치지 않게 도와준다. 성숙한 방어기제에는 어떤 것이 있을까? 첫째, 수용이 있다. 미성숙한 방어기제인 부정과는 반대되는 것으로 상황을 직시하고 현실적으로 받아들이는 것을 말한다. 수용하지 못할 만한 스트레스가 닥치면 두 번째 성숙한 방어기제인 억제를 사용할 수 있다. '지금은 바쁘니 시간이 날 때 감성지능에 관해 알아보고 노력해 봐야지'라는 식으로 일을 잠시 미루고 나중에 받아들일 수 있는 상황이 왔을 때 직면해 해소하는 기술이다. 셋째는 이타주의가 있다. 스트레스를 받아들이고 승화시켜 자신이 받고 싶은 것을 타인에게 베풂으로써 즐거움을 느끼는 것이다. 자신의 감성지능이 부족하다는 점을 인정하고 승화시켜 좀 더 배우고 발전시켜 다른 이에게 가르쳐주는 것이다.

상실이 반복되는 사회

과거에는 마을에 사는 아이나 젊은이들이 궁금한 것이 생기면 그 마을의 어르신을 찾아가 지혜를 구하곤 했다. 마을의 젊은 세대에게 가르침을 주며 교류할 수 있었기에, 장년기와 노년기 세대들에게도 삶이 의미가 있었고 이것이 감성지능을 발달시킬 기회가 되기도 했다. 하지만 현대사회는 어떤가? 궁금한 것이 생기면 남녀노소 가리지 않고 스마트폰으로 직행한다. 궁금증에 대한 답변을 빛의 속도로 얻어낼 수 있고, 온갖 분야 전문가의 글이나 영상을 통해 최고의 정보를 얻을 수 있으니, 동네 어르신의 지식과 지혜가 끼어들 틈이 없다. 장년기와 노년기 세대들은 그들의 사회적 위치를 스마트폰에게 박탈당한 셈이다. 심지어 그들 본인조차 스마트폰에 중독된 것이 현실이다.

또한, 노년기에 겪게 되는 각종 상실도 간과할 수 없다. 노화로 인한 건강 상실, 경제력 상실, 배우자나 친지와의 사별로 인한 인맥 상실 등이 그렇다. 이런 상실에 대해 시니어들이 어떻게 대처해야 하는지, 대처 시기에 겪을 수 있는 어려움과 이에 어떤 도움을 받을 수 있을지 생각해 봐야 한다.

자녀들과의 마음 거리, 즉 관계도 문제다. 이런 문제에서는 첫 단추가 잘못 끼워진 경우가 많다. 이를테면, 우울증이 있는 시니어가 자녀의 마음에 상처를 주길 반복하다 보면 자녀들도 사람인지라 자연스럽게 부모와 거리를 두게 되는데, 시니어 본인은 이것이 마음의 병 때문에 시작된 것임을 인지하지 못하는 것이다. 관계의 문제에는 사실 정답이 없으므로 시니어 전문 정신과 의료진과 상담하는 것도 큰 도움이 되겠다.

마지막으로, 스스로 감성지능이 발달할 수 있는 환경에서 살아왔는지도 생각해 봐야 한다. 이 시대 시니어들은 6.25 전쟁을 겪고 피난 생활까지 하며 그저 생계를 위해 숨 가쁘게 달려온 세대다. 온종일 일하고 밤늦게 귀가해 곯아떨어지기 바빴던 나날에서, 자신의 감성지능을 돌보거나 자녀들의 감성지능을 키울 여건이 되었겠는 가?

그럼에도 감성지능은 사실상 노년기에 겪을 수 있는 여러 가지 정신질환 예방에 큰 도움이 되기에 지금이라도 감성지능을 개선하기 위한 노력을 기울일 필요가 있다.[2]

두뇌의 노화

노화로 인한 두뇌 변화도 무시할 수 없다. 인간 뇌의 시상하부 중추에는 '세로토닌serotonin'이라는 신경전달물질이 있다. 세로토닌은 수면과 기억력에도 영향을 미치지만 행복과 기쁨, 편안하고 안정된 느낌을 선사한다. 문제는 나이가 들면서 세로토닌 생성이 줄어든다는 것이다. 이로 인해 불안감과 초조함이 생길 수 있고 이에 감성지능을 발달시킬 여유마저 사라질 수 있다.

또한 혈관성 노화도 문제다. 나이가 들면서 동맥경화로 인한 혈관질환이 발생할 수 있는데, 두뇌의 모세혈관 손상으로 신경세포가 파괴되고 신경전달물질 분비가 원활하지 못할 수 있다. 특히 감정을 조절하는 전두엽과 피질하 영역subcortical region으로 가는 모세혈관이 막히게 되면서 노년기 우울증이 나타난다는 연구 결과도 많다.[3]

감성지능과 정신질환

나의 시니어 환자 중 한 분은 밤에 도통 잠이 오지 않아 고생하는데 그렇다 보니 수면 부족으로 인한 민성피로로 진료 중에는 눈조차 제대로 뜨지 못하거나 눈을 뜨고 있어도 대화에 집중을 거의 하지 못할 때가 많다(사회적 인식, 관계 관리 능력 부족). 무엇보다 아무것도 하기 싫어해서 운동도 부족하다 보니 온몸이 쑤신다고도 한다. 전형적인 노년기 우울증이다. 하지만 이 환자는 노년기 우울증이란 진단에 화들짝 놀라면서 이를 부정한다(자아 인식 결여).

또 다른 환자는 남편과 이혼한 지 20년이 넘은 68세 여성이다. 자녀들과 만날 때마다 다투게 된다며 가까이 지내지 않고 혼자 살고 있다. 진료 중에는 상대방의 이야기를 거의 듣지 않고 본인 얘기만 한다(자아 인식, 감정 관리 능력 결여). 굉장히 예민한 편이며 쉽게 짜증을 낸다(사회적 인식, 관계 관리 능력 부족). 심지어 불안증을 치료하는 것조차 불안하게 여긴다(감정 관리 능력 부족).

두 명의 환자 사례만 봐도 감성지능이 부족할 때 어떤 일이 생길 수 있는지 알 수 있을 것이다. 노년기 우울증과 불안증을 진단하고 치료하는 방법을 지루하게 나열하려는 게 아니다. 이 같은 환자의 사례는 끝도 없이 많다. 진료 중에 만나는 이러한 환자들은 하나같이 본인의 현재 감정 변화를 자각하지 못하며 대화를 하다가도 이야기가 수차례 삼천포로 빠지곤 한다. 나는 거의 매일 외래에서 이 같은 노년기 정신질환으로 고생하시는 환자들을 만나고 이들을 치료하는 데 힘쓰고 있다. 이 글을 읽으면서 '나는 이렇게 되지 않겠지'라고 생각할지 모르지만 이 환자분들도 본인이 이렇게 되리라고는 생각하지 못했을 것이다. 모든 질환이 그렇듯, 병이 심각해지고 나면 치료가 어렵다. 중증 당뇨를 식습관만으로 관리할 수 없듯, 심한 우울증을 감성지능 계발만으로 치료할 수는 없다. 다만 질환의 초기 단계라면 예방을 위해 노력해야 한다.

노년기 정신질환 Q&A

Q _ 상담과 약물치료, 무엇이 더 중요한가?

A _ 상담도 약물치료도 모두 중요하다. 다만 정신건강 치료는 개인화되어야 한다. 환자의 마음속 판도라의 상자를 열 때는 매우 신중해야 한다. 우선 이야기를 많이 들어주고, 힘든 마음을 이해해 주며, 함께 이겨낼 수 있다는 믿음을 주는 것이 치료의 시작이다. 가장 중요한 것은 마음과 마음의 소통이지, 맞고 틀리다 지적하며 환자에게 진단명을 이름표처럼 붙여서 치료 대상으로 몰아가는 게 아니다. 따라서 책에 나온 진단과 치료 계획은 정보 차원에서 알아두기만 하고, 지나치게 소개된 그대로 적용하려고 하지 않길 바란다.

Q _ 심리상담은 왜 하는 걸까?

A _ 상담을 하면 본인의 감정에 대해 더 깊이 이해할 수 있게 되고 상황에 맞는 통찰력이 생긴다. 심리상담에 뛰어난 전문가는 환자의 마음속에 있는 응어리와 고통을 자연스레 표면 위로 끌어내고, 함께 헤쳐 나가주리라는 믿음을 심어주며, 편하게 속을 털어놓을 수 있게 인도한다. 상담은 환자가 자신의 속마음을 얼마나 상담자와 공유하고 싶은지에 따라 진도가 정해지므로 얼마나 자주 만나고 오래 해야 하는지는 정해진 바가 없다.

Q _ 정신과에서 처방해 준 약을 꼭 먹어야 하나?

A _ 의료진도 약물보다는 상담이나 행동인지치료, 또는 식습관 변화와 운동을 통해 환자를 치료하길 원한다. 하지만 시니어 환자의 경우, 관절 상태가 좋지 않아 거동이 불편해 운동이 어렵거나 치매로 인해 심리상담 또는 식습관 변화 지도가 어려울 때가 많다. 한편으로는 치료의 속도 또한 고려해야 한다. 상담과 운동만으로 병세가 개선되는 경우도 없진 않지만, 대부분은 그 속도가 상당히 더딘 편이다. 환자 입장에서도 질병이 어느 정도 속도감 있게 개선되어야 보람을 느끼면서 운동이나 상담을 적극적으로 하게 되는데, 그 촉진제 역할을 하는 것이 약물인 셈이다.

Q _ **정신과 약물은 평생 먹어야 하나?**

A _ 아니다. 물론 장기적으로 복용해야 하는 경우도 있지만, 대부
분의 의료진은 최초 6~12개월간의 약물치료를 계획하고 상
담과 운동, 사회활동과 같은 치료를 병행하는데, 대부분의 환
자가 이 기간 안에 호전된다. 특히 우울증과 불안장애가 여기
에 해당한다. 다만 조현병과 조울증은 대부분 약물을 장기 복
용해야 정상 생활이 가능한데, 이는 환자나 보호자 가족도 충
분히 이해할 것이다.

Q _ **정신과 약물에 중독되지 않을까?**

A _ 이는 정신질환에 약물치료 효과가 얼마나 빨리 나타나느냐에
달렸다. 예를 들어, 신경안정제는 환자의 불안한 심리를 즉시
해결해 주기에 환자가 비슷한 상황에 처할 때마다 약을 찾게
되며 의존하게 된다. 반면 항우울제처럼 효과가 1~2주 후에
나 나타나는 경우엔 약물에 대한 의존성이 생기기 어렵다. 이
러한 이유로, 신경안정제나 수면제 같은 약은 최대한 쓰지 않
는 것이 바람직하고, 대신 항우울제를 쓰거나 전문가와의 상
담으로 해결하는 것이 옳다.

미국 상위 1% 부자들의 7가지 건강 습관

우울증 자가 진단

노년기 우울증 척도 Geriatric Depression Scale는 스탠퍼드 대학병원에서 처음 만들어진 후 지금은 전 세계적으로 활용되고 있는 시니어를 위한 우울증 진단표다. 일반적인 우울증 진단과 달리 노년기에 발생하기 쉬운 우울증 증상들에 관해 주로 질문하고, 이에 "예, 아니오"로 간단히 대답할 수 있게 해서, 인지력이 저하된 시니어를 대상으로도 적합하다. 단, 각 항목에 대해 얼마나 심각한지는 정확하게 판단하기 어렵기에 깊은 대화가 필요해 보일 때는 우울증 척도 검사 후 환자와 더 깊게 상담해야 한다. 특히, 여기에는 자살 충동 관련 질문은 없으므로 상황에 따라 반드시 따로 물어야 한다.

다음 질문에 답할 때는 지난 2주 동안 받은 감정을 떠올리며 "예 혹은 아니오"로 답하면 된다.

1	본인의 삶에 대체로 만족하십니까?	예 / 아니오
2	최근에 활동이나 관심거리가 줄었습니까?	예 / 아니오
3	삶이 공허하다고 느끼십니까?	예 / 아니오
4	자주 싫증을 느끼십니까?	예 / 아니오
5	기분 좋게 사시는 편입니까?	예 / 아니오
6	좋지 않은 일이 닥쳐올까 두렵습니까?	예 / 아니오
7	대체로 행복하다고 느끼십니까?	예 / 아니오

8	자주 무기력함을 느끼십니까?	예 / 아니오
9	외출보다는 집 안에 있기를 좋아하십니까?	예 / 아니오
10	다른 사람들보다 기억력이 떨어진다고 느끼십니까?	예 / 아니오
11	살아있다는 사실이 기쁘십니까?	예 / 아니오
12	본인의 삶이 가치가 없다고 느끼십니까?	예 / 아니오
13	생활에 활력이 넘치십니까?	예 / 아니오
14	본인의 현실이 절망적이라고 느끼십니까?	예 / 아니오
15	다른 사람들이 대체로 본인보다 낫다고 느끼십니까?	예 / 아니오

질문 중 2번, 3번, 4번, 6번, 8번, 9번, 10번, 12번, 14번, 15번에 "예"라고 답했거나, 1번, 5번, 7번, 11번, 13번에 "아니오"라고 답했다면 각 1점씩 더한다.

15점 만점 중 5점 이상이면 노년기 우울증이 의심되므로 꼭 후속 검사가 필요하며, 10점 이상이면 노년기 우울증 진단을 내릴 수 있다.

감성지능 발달을 위한 5가지 방법

첫째, 배우려는 자세 갖추기

스탠퍼드 대학병원 전문의 과정을 밟으며 만난 나이 든 선배들의 멋진 모습을 기억한다. 60대의 나이 지긋한 명예교수님은 의과대학생의 설익은 질문과 이야기도 귀 기울여 들어주셨고, 스탠퍼드 대학병원 CEO는 인턴들 학회에도 참석하여 그들의 사소한 말 한마디도 경청하며 질문하곤 했다. 이런 일이 한두 번의 이벤트로 그친 것은 아니었다. 스탠퍼드 캠퍼스 내에는 '경청의 문화'가 있었다. 그들은 다른 사람의 이야기를 어느 정도 듣다가 끊고는 본인이 하고 싶은 말을 쏟아내는 식으로 가르치지 않았다. 정말 끝까지 들었다. 그리고 상대의 생각을 존중하며 칭찬해 주고, 추가적인 질문도 했다. 그들에게도 '내가 더 많은 걸 알고 있으니 가르쳐줘야지' 하는 마음이 있었을지 모른다. 하지만 그렇다고 해도 상대의 이야기를 끝까지 들어보고 이를 분석하면서, 배울 점을 찾아냈다.

바로 이런 문화가 있었기에 실리콘밸리가 탄생할 수 있었던 게 아닐까? 이런 환경에서 자라고 훈련받아 배움의 자세가 습관화된 이들이, 학교를 졸업하고 창업한 회사에서도 이 같은 마인드를 기반으로 서로의 의견을 경청하고 궁리하다가 인간의 욕구needs를 찾아내어 구글이나 페이스북, 애플 같은 대기업을 일구지 않았을까 싶은 것이다.

뉴햄프셔 병원 노년내과 과장인 게리 모옥Gary S. Moak 교수는 그의 책《더욱 건강하고 오래 살기 위해 우울증과 싸워라Beat Depression to Stay Healthier and Live Longer》4에서 배움의 자세를 '성장 마인드셋growth mindset'이라고 표현하며 강조한다. 장년기와 노년기에도 성장 마인드셋을 유지해야만 젊은 시절의 기능성과 독립성을 유지할 수 있으며, 새로운 기술을 배울 수 있다는 것이다.

물론, 나이가 들어서 무언가를 배운다는 것은 참 어려운 일이다. 세월은 경험이고, 경험은 곧 지식이라는 생각 때문에 나이가 들수록 많은 것을 안다고 착각할 수 있기 때문이다. 익숙함을 깊은 지식과 배움으로 헷갈려선 안 된다. 배우는 훈련이 되어 있지 않으면 무의식적으로 모든 것을 이미 아는 것이라 여기면서 상대를 가르쳐야 한다고 생각하거나, 또는 누군가에게 무언가를 배우는 일을 시간 낭비라고 생각할 수 있다. 자신이 언제든지 누구에게든지 배울 자세가 되어 있는지 돌이켜보고, 잘못된 태도는 개선하자. 남의 말이라면, 아니 자기보다 나이가 어린 연소자의 말이라면 들을 생각조차 않는 '꼰대'가 되지 말고, 익을수록 고개를 숙이는 벼처럼 겸손한 마음으로 경청하는 태도를 지니도록 노력해야 한다.

다만 나이가 들수록 무언가를 학습하고 이것이 숙련되기까지 시간이 오래 소요되는 것도 사실이다. 너무 나이가 들어서 배우기 시작하면 더욱 어렵기에 중·장년기부터 배움에 익숙해질 필요가 있다. 상대방의 이야기에 귀 기울이고 책이나 여러 매체를 통해 배움을 실천한다면, 노년기에 접어들어도 자연스럽게 성숙함이 우러나온다. 나는 종종 노년기 우울증을 겪는 어르신들에게 노인정이나 종교 모임에 참석해 다른 이들과 어울리기를 권하곤 하는데, 그럴 때마다 어르신들은 "에이, 그런 데서 사람들을 만나는 거 싫어요!"라고 대답하신다. 이러한 부정적인 반응이 우울증 탓일 수도 있겠

미국 상위 1% 부자들의 7가지 건강 습관

지만, 상대방의 이야기를 듣고 수용하고 배우려는 자세가 부족해서일 가능성도 크다.

둘째, 멘토를 찾아 관계 맺기

무엇이든 배우려는 자세를 갖추었다면 한 단계 더 나아가, 멘토를 찾고 관계를 맺길 권한다. 스탠퍼드 시니어 클리닉에서 만난 62세 억만장자 환자에게도 85세의 멘토가 있었다. 그 환자는 자신의 멘토가 그 나이에도 대단히 건강한데, 그와는 오랜 세월 서로 아끼고 의지하는 관계로 배우자와는 또 다른 특별한 사이라고 이야기했다. 둘은 비즈니스 조언뿐 아니라 개인적으로도 크고 작은 일에 관여하며 돈독한 관계를 이어오고 있었다.

글로벌 CEO들에게도 코치가 있다는 것을 아는가? 실리콘밸리의 유명기업 중 어느 정도 성과를 거둔 CEO들도 항상 경영인 코치를 둔다. 고액 연봉을 받는 코치들이 이 같은 글로벌 리더들에게 엄청 대단한 걸 가르쳐줄 것 같겠지만, 그렇지 않다. 그들이 하는 일은 리더들이 마음을 차분히 가라앉히고 가다듬으며, 운영 중인 기업과 직원을 보살피는 한편, 미래를 내다볼 수 있게 돕는 것이다. 별것 아닌 것 같아 보이는 이러한 코칭을 통해서 리더들은 CEO로서 받는 중압감과 스트레스를 해소하는 한편, 마음속 어려움을 터놓을 기회를 얻는다.

사실 정상에 홀로 서 있다는 건 참으로 외롭고 두려운 일이다.

CEO로서 정상에 있는 것도 그러할진대, 자기보다 연배가 높은 사람을 찾기 힘든 사회적 위치에 있는 시니어들은 어떻겠는가? 어르신들에게도 자신에게 조언해 줄 사람이 필요하다. 자신의 말과 행동에 대해 이렇다 저렇다 말해 줄 누군가가 있어야, 자신이 인생을 잘살고 있는지 확인할 수 있고 더 나이가 들면 어떻게 살아야 하는지 등에 대해서도 조언을 들으며 준비할 수 있지 않을까. 멘토 역시, CEO들의 코치처럼 멘티들이 마음을 차분히 가라앉히고 가다듬으며, 지금까지의 인생을 되돌아보게 하는 한편, 다가올 미래를 내다볼 수 있도록 도울 필요가 있다.

나이가 들었는데, 그런 멘토를 찾을 수 있을까? 물론 젊었을 때보다 찾는 것이 힘들 것이다. 그래서 이 책을 읽을 40~60대 독자들이 조금이라도 젊을 때 멘토를 찾으려고 노력하고 관계를 쌓아갔으면 한다. 좋은 멘토와 함께 나이 들며 서로가 삶의 힘이 되고 인생의 의미를 찾을 수 있게 돕는다면 그보다 좋은 벗도 없을 것이다. 또한 당연한 말 같지만, 아무리 좋은 멘토가 있어도 배우려는 자세가 되어 있지 않다면 멘토와 관계를 발전시키기 어렵다. 그러니, 배우려는 마음가짐부터 잘 갖추자.

셋째, 나누는 마음

스탠퍼드 대학병원에서 근무하던 어느 날, "미스터 앤더슨Mr. Anderson이 입원했다"는 이야기가 여기저기서 들렸다. 내게는 생소한 이름이었기에, 동료 의사에게 그가 누구인지 물었다. 동료는 스탠퍼드 대학교 캠퍼스에 거액을 기부한 사람으로, 앤더슨 센터를 세우고 그 안에 배치된 미술작품을 기부한 큰손이라고 했다. 드라마에 나올 법한 '재벌' 수준의 환자였기에 나는 살짝 긴장한 상태로 입원실로 들어섰다. 하지만 입원실에서 마주한 노부부는 예상과 다르게 푸근한 미소로 나를 맞아주었고 마음 따뜻한 그분과 그의 가족들은 입원한 기간 내내 오히려 의료진을 살뜰히 챙기며 모든 의료 서비스에 감사를 표했다.

스탠퍼드와 UCLA 대학병원 로비에는 언제나 환한 미소로 반기는 백인 시니어들이 있다. 그들 모두 자원봉사자다. 알츠하이머 협회Alzheimer's Association는 치매가 있는 가족에게 언제나 전화로 도움을 줄 수 있는 응급연락망을 갖추고 있는데, 이들도 자원봉사자다. 은퇴 당시 얼마나 재력이 있었는지와 상관없이 이들은 노후에도 타인을 위해 가진 것을 베풀며 바쁘게 생활한다.

미국 부촌의 익숙한 아침 풍경 중 하나는, 조깅을 하면서 만나는 사람들에게 "좋은 아침이에요!"라고 반갑게 인사를 건네며 미소 짓는 사람들의 모습이다. 미국의 모든 동네가 이런 것은 아니다. 경제적으로 다소 어렵거나 치안이 좋지 않은 동네에선 인사는커녕 눈도 잘 마주치지 않는다. 우리나라 역시 유교 문화가 깊숙이 자리 잡힌 탓인지, 같은 아파트 엘리베이터에서 이웃을 마주쳐도 짧은 목례에 그칠 때가 많다. 사실 미국 상위 1% 부자들이 다른 사람들에게 친절한 미소를 지으며 반갑게 인사를 건네는 것도 나눔의 문화 때문이다. 자신의 좋은 아침을 상대방에게도 나눠주고 싶은 생각에서 비롯된 것이다.

나누는 습관은 노년기에 접어들기 전에 장착해야 한다. 사실 진료하면서 오직 '나 자신, 내 것, 나를 위한 것'에만 관심을 쏟는 어르신들을 만날 때가 많다. 안타까운 마음에 종종 베풀고 나누는 습관을 갖추길 권하지만, 오랜 기간에 걸쳐 완성된 태도를 바꾸는 건 쉬운 일이 아니다. 은퇴로 인해 재정적으로도 어렵고 노화로 인한 우울증이나 불안증까지 겪게 되면, 베푸는 삶으로 전환하는 것이 정말 불가능하다. 따라서 아무리 늦어도 중년기에 접어들면서부터는 배움의 자세를 익히고 나눔의 기쁨을 경험하면서 이러한 태도가 일상에 스며들게 해야 한다.

나누기 위해서는 물론 여유가 있어야 한다. 다만 그 여유가 반드시 재정적인 여유만을 의미하는 건 아니다. 특히나 마음의 여유가 중요한데, 신기하게도 나누면 나눌수록 마음의 여유가 더욱 풍성해진다. 자신보다 어려운 타인을 보며, 보다 객관적으로 내 상황을 보게 되면서 위안과 감사함도 찾을 수 있다. 그러니 종교 단체나 동호회 모임에서 일손을 찾을 때 자원해 보라. 일을 하면서도 나눔의 의미를 기억하며, 이미 받은 복을 세어보면서 앞으로 더 나이가 들었을 때 어떤 봉사를 할 수 있을지 떠올려보길 바란다.

넷째, 몸을 움직여 마음 움직이기

스탠퍼드 시니어 클리닉에 오는 시니어들은 대부분 운동화와 트레이닝 복장이다. 진료 전후로 강도 있는 운동을 루틴화했기 때문이다. 이들은 그저 걷는 것이 아니라, 약간 숨이 가쁠 정도의 조깅을 하거나 헬스장에서 근력 운동을 한다.

이런 운동은 그냥 설렁설렁 몸을 움직이는 정도가 아니라 강도 높은 것들이다. 앞에서 언급했듯 어느 정도 강도 있는 운동을 해야 뇌에 세로토닌이나 뇌 속 기적의 물질이라고 불리는 뇌유래신경성장인자인 BDNF Brain-Derived Neurotrophic Factor 호르몬이 분비된다. 이런 호르몬이 정신건강을 호전시킨다는 것을 증명한 연구 결과들[5]도 많다. 단, 자신이 직장이나 일터, 혹은 집에서 몸을 많이 움직인다고 해도 이를 운동으로 착각하면 안 된다. 인간의 뇌는 3개월 이상 같은 동작을 하면, 이를 생활에 필요한 움직임으로 간주하여 체내 에너지 효율을 최소화하기 때문이다. 아무리 일정이 바쁘고 여유가 없더라도, 잠깐이라도 시간을 내서 운동을 하자. 이것이 몸뿐 아니라 마음 건강에 도움이 된다는 걸 기억하라.

스트레스를 받거나 어떤 문제로 마음이 힘들 때, 운동이야말로 문제 해결의 첫걸음이 될 수 있다. 사실 이를 해결하는 데 이보다 쉬운 방법도 없다. 마음이 힘들면 머리가 복잡해지는데, 열심히 운동하면서 땀을 흘려보라. 땀이 날 정도로 운동하면 기분이 한결 좋아진다. 이를 그저 수학 공식처럼 외워보자.

다섯째, 평안을 위한 숙면

시니어 중에서 불면증에 시달리는 이의 비율은 30~48%나 된다.[6] 수면이 부족하면 예민해진다. 이는 누구나 아는 진리일 것이다. '피곤하다'는 생각으로 머릿속이 가득 차면 상대방의 이야기를 들을 여유는커녕, 별것 아닌 일에도 신경이 곤두서서 과하게 반응하게 된다. 하루 이틀만 못 자도 문제인데, 몇 개월, 몇 년 동안 잠이 부족하다면 어떨까? 감성지능 관리가 어려운 것은 물론, 정신질환 발병 가능성 또한 커진다.

진료하며 만나는 어르신들은 "나뿐만 아니라 다들 잠을 잘 못 이룬다"거나 "나이가 들면 다 그런 거 아니냐"고 이야기한다. 시니어들은 수면 부족을 당연하게 생각하는 경향이 있는 것 같다. 나이가 들면 잠이 줄어든다는 말은 사실이다. 55세 이후부터는 평균 6시간만 자도 생활하는 데 전혀 지장이 없다. 노화 과정의 일환으로 수면 시간이 줄어든 것인지, 불면증인지를 구분하는 방법은 간단하다. 낮에 생활하는 데 문제가 없느냐를 살피면 된다. 낮 시간에 집중이 잘 안 되고 피곤함을 느껴 자꾸 졸게 된다면, 이는 자연스러운 노화의 과정으로 볼 수 없다. 그럼 어떻게 해야 숙면을 취할 수 있을까?

사실 미국 상위 1%의 시니어들은 숙면을 취하는 방법을 잘 알고 있다. 밤에 잠이 잘 안 오는 이유 중 하나는 머릿속이 온갖 잡생각으로 가득 차서다. 마치 브레이크가 고장 난 '생각 열차'를 탄 것처럼 쓸데없는 생각이 꼬리에 꼬리를 물고 끊임없이 떠오른다. 이처럼 잡다한 생각에 사로잡혀 잠이 잘 오지 않는다는 사실까지 인지하고 나면 '어쩌지, 빨리 자야 하는데' 싶어져 오히려 더욱 불안하고 초조해진다. 이처럼 한밤중에 달리기 시작한 생각 열차는 도무지 멈출 생각을 않는다.

그런데 인간의 뇌에도 브레이크가 있다. 뇌에서 브레이크 기능을 하는 신경전달물질이 바로, '세로토닌'이다. 이 기능이 원활하게 작동하면 쓸데없는 생각이 멈추고, 마음이 편안해져 자신도 모르는 사이 잠이 든다. 반대로 세로토닌이 부족하면 좀처럼 잠이 오지 않는다. 인간은 본인이 견딜 수 있는 것보다 더 많은 스트레스를 받게 되면 뇌에서 세로토닌 분비가 줄어든다. 스트레스 상황이 지속되어 세로토닌 부족증이 발생하면 부정적인 생각에 사로잡혀 자책하고 원망하다 그 결과로 이르게 되는 것이 '우울증'이다. 즉 우울증의 원인 중 하나가 세로토닌 부족인 셈이다. 따라서 의사들은 불면증을 우울증이라는 빙산의 일각으로 보기도 한다. 쓸데없는 생각 때문에 불면증에 시달리고 있는가? 그렇다면 세로토닌이 필요하다.

어떻게 하면 세로토닌 분비를 촉진할 수 있을까? 항우울제를 복용하는 것도 방법이지만, 약 없이 시도해 볼 수 있는 것부터 알아보자.

첫째, 식습관 관리다. 세로토닌은 단백질을 구성하는 아미노산인 트립토판tryptophan이 변하면서 생성되므로, 일단 트립토판이 많은 음식을 충분히 복용해야 한다. 기름진 생선과 육류, 달걀류, 유제품, 콩류, 견과류 그리고 다크 초콜릿에 트립토판이 풍부하다. 반면 알코올, 카페인, 조미료를 과다 섭취할 경우 세로토닌 결핍 증상이 나타나므로 이는 주의해야 한다.

둘째, 비타민 D와 오메가 3를 챙기자. 트립토판이 뇌로 들어와 세로토닌으로 바뀌는데 이때 비타민 D가 꼭 필요하다. 또 오메가 3가 풍부해야 세로토닌이 원활하게 쓰인다. 뇌에서 세로토닌으로 변한 트립토판은 다시 멜라토닌으로 변한다. 이 멜라토닌이 바로 수면 관리를 돕는 신경전달물질이다. 숙면을 위해 세로토닌이 충분해야 하는 이유가 이것이다.

셋째, 유산소 운동이다. 운동할 때 트립토판이 뇌에 더욱 잘 흡수되어 간접적으로 세로토닌 증가를 돕는다는 연구 결과도 많다.[7] 단, 운동량은 잘 조절해야 한다. 설렁설렁 걷는 것으로 충분한 운동을 했다고 착각해선 안 된다. 운동을 했는데도 밤에 잠이 안 온다면 운동이 부족한 것이다. 건강이 허락하는 선에서 땀이 날 정도로 살짝 격하게 운동해야만 숙면에 도움이 된다. 단, 잠자리에 들기 전 2시간 내에 운동하면 오히려 역효과가 나므로 주의해야 한다.

넷째, 낮을 공략하라. 낮 시간을 어떻게 활용하느냐가 수면에 굉장히 큰 영향을 미친다. 낮잠을 자지 않는 것도 당연히 중요하지만, 일단 햇빛을 충분히 받아야 한다. 대부분의 불면증 환자는 밤에 잠을 충분히 자지 못해서 늘 피로를 느끼고 집중을 하지 못해 판단력도 흐려진다. 몸이 피곤하다 보니 커튼도 젖히지 않고, 어둑한 실내에서 전등을 켜고 생활하는 경우가 많다. 바로 이것이 문제가 될 수 있다. 밝은 햇빛이 집 안 가득 들어오게 하고, 우리 눈에도 많은 빛이 들어오게 해야 한다. 가장 좋은 방법은 햇빛이 찬란할 때 밖에 나가 활동하는 것이다. 걷기 운동을 하든, 장을 보러 가든 외부 활동을 하고, 일광욕을 하는 것이 불면증에 도움이 된다.

마지막으로, 낮 시간에 섭취하는 카페인 양도 주의 깊게 체크해 보자. 커피는 일단 아침에 한 잔 정도 마시는 걸로 하고, 오후 12시 이후로는 마시지 않는 것이 좋다.

수면과 멜라토닌

해가 저물고 사방이 어둑해지면, 우리의 몸도 어쩐지 나른해지고 졸음이 몰려와 어디에든 몸을 기대거나 드러눕고 싶어진다. 왜 그럴까? 바로, 뇌에서 분비되는 멜라토닌이라는 성분 때문이다. 멜라토닌은 우리 뇌 속 고작 150mg밖에 되지 않는 작은 완두콩 사이즈의 송과선이라는 곳에서 분비된다. 멜라토닌은 낮이 되어 눈에 빛이 눈에 들어오는 순간부터 분비가 줄어드는데, 반대로 밤이 되면 멜라토닌이 활발하게 분비되기 시작한다. 그러니 우리가 졸리는 것은 멜라토닌의 증가 때문이다.

노화도 멜라토닌의 분비량과 관련이 있다. 나이가 들수록 수면 시간이 줄어드는 것도 노화 과정에서 멜라토닌 분비가 줄어들기 때문이다. 실제 70세 시니어의 멜라토닌 분비량은 30대 성인의 멜라토닌 분비량의 4분의 1 정도에 그친다. 완두콩만 한 뇌의 송과선에 칼슘이 쌓여 멜라토닌의 정상적인 분비를 막기 때문이다.

뇌 속의 멜라토닌을 증가시키는 방법은 없을까? 노화로 줄어든 멜라토닌을 약으로 복용하는 방법이 있다. 매일, 잠자리에 들기 2~3시간 전에 약을 먹으면 된다. 저녁이 되면 체내 멜라토닌 수치가 서서히 올라가므로 잠자기 2~3시간 전에 복용해야 자연스럽게 졸려서 숙면을 취할 수 있다. 부작용은 거의 없지만, 다소 예민하다면 3mg부터 시작해 5mg 정도로 늘려가길 권한다. 멜라토닌은 인체에서 자연스럽게 만들어지는 물질로 무해할 것이 없으니 비타민을 복용하는 정도로 여기면 된다.

종아리에 쥐가 나서 잠을 잘 수 없다는 환자들의 이야기도 종종 듣는다. 이들의 종아리 근육을 검사하면 단단히 뭉쳐 있다. 대다수는 걷기 운동이나 발목을 기준으로 발을 올렸다 내렸다 하는 운동을 많이 한다고 대답한다. 이런 운동은 모두 종아리 근육을 사용하므로 과하면 뭉치는 게 당연하다. 근육경련은 수분 부족도 원인이므로 이른 저녁까지는 물을 충분히 마셔야 한다. 이 밖에 혈관에 문제가 있어도 쥐가 나기 쉬운데, 침대나 좀 더 높은 의자에 걸터앉아 두 다리가 대롱대롱 들릴 정도에서 교차시키며 운동하면 좋아진다. 단, 병원에서 혈관 검사를 꼭 받아보자.

숙면을 위한 최상의 환경

1. 어두운 조명: 취침 2시간 전부터 조명을 차츰 어둡게 조절한다. 단, 그 전까지는 집 안을 오히려 밝게 해놓아야 초저녁부터 졸리지 않는다.

2. 수면 의식: 예를 들어, 취침 90분 전에는 따뜻한 물로 샤워하고, 책을 읽거나 명상을 하면서 몸과 마음의 긴장을 이완하는 식의 수면 의식을 갖는 것도 도움이 된다.

3. 시계는 치우거나 가리는 것이 좋다.

4. 영상 시청 중단: TV나 스마트폰 기기를 통한 영상 시청은 뇌에 자극을 주므로 침상에서는 보지 않는 게 좋다. 특히 스마트폰은 블루라이트 차단으로 설정하자.

5. 수면 가이드: 잔잔하고 차분한 음악과 내레이션이 더해진 수면 가이드의 도움을 받는 것도 좋다. 음악과 목소리가 머리부터 발끝까지 과도한 몸의 긴장을 풀어준다. '99세까지 88하게' 유튜브 채널에 올려둔 수면 가이드로 실제 도움을 받았다는 댓글들이 많다. 이를 시도해 보길 권한다.

6. 잠자리 이탈: 잠자리에 누운 지 15~20분이 지났는데도 전혀 잠이 오지 않는다면, 차라리 침대나 이부자리에서 나오는 게 좋다. '왜 잠이 안 오지?' 같은 걱정을 하면서 자리에 계속 누워 있는 것보다는 긴장을 이완하는 여러 방법을 쓰면서 휴식하는 게 낫다.

수면제 중독을 피하는 법

앞서 언급했듯 수면제 같은 신경안정제는 환자의 불안한 심리를 즉시 해결해 주기에 비슷한 상황이 닥칠 때마다 약을 찾게 되어 중독되기 쉽다. 수면 개선에 도움이 된다는 많은 치료 방법이 알려져 있으나 사실상 보편적으로 통하는 공신력까지 확보된 것은 거의 없다. 따라서 불면증 환자들은 수면제를 고집하고 수면제가 떨어지면 불안해하는 모습도 보인다.

자신이 수면제에 중독되었는지 아닌지 알고 싶은가? 일반적으로 의존성 정도는 문제에 대한 떠오르는 해결책으로 판단할 수 있다. 예를 들어, A라는 문제의 해결법으로 바로 B가 떠오르고 다른 해결책은 전혀 떠오르지 않는다면 이미 B에 대한 의존성이 크다고 볼 수 있다. 여기서 문제 A는 불면증이고 해결책 B는 수면제다. 만약 당신이 잠이 안 올 때 바로 떠올린 것이 '수면제'라면 당신은 수면제에 중독된 상태일 수 있다.

그렇다면, 수면제는 왜 안 좋다는 걸까? 어떤 부작용이 있을까? 수면제를 복용한 사람이 잠들었을 때의 뇌주파를 살펴보면, 회복이 되는 숙면을 하고 있지 않다는 걸 알 수 있다. 즉 이들은 제대로 자고 있는 것이 아니다. 하지만 나중에 이들을 대상으로 설문해 보면, "쉽게 잠이 들었고, 푹 잘 잤다"라고 대답하는 경우가 많다. 수면제 복용에는 플라세보 효과placebo effect(실제로 생리학적 효과가 없는 가짜 약이라도 복용하면 일정 기간 호전이나 유익한 작용이 나타나는 것)가 있다는 사실이 많은 연구로 밝혀졌다. 수면제를 복용할 때 더 큰 문제는 낙상 위험이 매우 커진다는 점이다. 가뜩이나 시니어들에게는 낙상이 큰 위험인데, 수면제를 복용해 정신이 몽롱해시고 기억도 흐릿해지면, 집 안에서 화장실에 가다가도 넘어질 수 있다.

이처럼 나는 종종 시니어 환자들에게 수면제의 문제를 강조하지만, 그래도 혹시 모르니 갖고만 있으면 안 되느냐고 할 때가 많다. 안 좋은 약이란 걸 알면서도 여러 이유로 정당화하며 처방을 원하는 것이다. "잠을 아예 못 자는 것보다 낫지 않나?", "한두 번 먹는 것은 괜찮지 않나?" 하면서, 밤에 잠이 오지 않는 괴로움을 도무지 견딜 수 없어서 마지못해 한 선택이라며 말이다. 하지만 이때도 나는 어르신들이 겪는 불면증의 고통을 듣고 공감해 주면서도 다른 방법을 권장한다.

가장 좋은 것은 수면제 사용을 금하는 것이다. 다만 문제를 알고 있어도 사용이 불가피하다면 최대한 중독되지 않게 노력해야 한다. 일주일에 몇 번, 단기간 사용에 그치면 그나마 의존성이 생기는 것을 예방할 수 있다. 구체적으로는 일주일에 2~4번, 그 기간은 2~4주 정도 사용 후 끊는 것이다. 이 기간을 넘기면 긴장을 이완시켜 숙면을 취할 수 있는 다른 방법을 시도하는 것이 좋다. 수면제를 대체할 만한 다른 약은 없는 것일까? 긴장을 완화시키는 데는 항우울제나 불안증약 계열이 좋다. 곧바로 잠을 재우는 약이 아니라, 정신을 약간 몽롱하게 만들어 잠이 들게 도와주는 약이다.

이미 수면제를 오랫동안 복용해 온 사람이 한순간에 끊는 건 추천하지 않는다. 어떤 현상이 일시적으로 억제된 후에 그것의 빈도나 강도가 더욱 증가하는 반동 현상rebound phenomenon 때문에 위험해서다. 임의대로 갑자기 약물을 중단하면 복용 전보다 불면증이나 공황장애가 심해질 수 있다. 그러니 수면제를 끊고 싶다면, 천천히 용량을 줄이고 하루 건너 복용하는 식으로 복용 빈도수를 줄여나가는 방식으로 하자.

수면제 복용 전 3가지 체크 사항

수면제를 복용하기 전, 반드시 체크해야 할 것이 있다. 평소 잠이 오지 않을 때 어떻게 했는지다. 술을 마신다거나 스마트폰을 본다거나 하면서 대부분의 경우 오히려 수면에 방해가 되는 행동을 할 때가 많다. 이런 문제를 인지하지 못한 채 같은 습관만 반복하다가 결국 수면제를 선택한 것은 아닌지 돌이켜보라. 다시 말하지만, 수면제는 마약성 진통제만큼이나 위험하다. 따라서 수면제 복용을 선택하기 전, 다음 3가지는 꼭 살펴보길 바란다.

첫째, 현재 복용하는 약 중에서 수면을 방해하는 성분이 없는지 살펴보라. 심장에 질환이 있을 때 복용하는 심장혈압약에는 메토프롤롤metoprolol이나 아테놀롤atenolol 같은 수면에 다소 방해되는 성분이 있다. 따라서 심장혈압약을 먹으면 밤에 잠들기가 쉽지 않을 수 있다. 또한 천식이나 만성폐쇄질환을 겪는 이들이 자주 사용하는 흡입기inhaler도 아침 또는 이른 저녁에만 사용하는 게 좋다. 루푸스나 류머티즘질환 환자도 스테로이드를 자주 복용하는데, 이 역시 수면에 방해가 되므로 낮 시간에 복용하는 게 좋다. 불안증이나 항우울제, 치매치료 약들도 가급적 낮에 복용하길 권한다.

둘째, 자신의 수면 습관을 살펴보라. 특히, 밤에는 음주를 피해야 한다. 오히려 술을 한잔하는 것이 불면증에 도움이 된다며 잠자리에 들기 전 술을 마시는 이가 많은데, 이는 정말 잘못된 습관이다. 처음에는 졸릴 수 있지만, 술이 간에서 걸러진 뒤 발생하는 이물질(알드하이드)이 깊은 잠을 방해하기 때문이다. 깊은 잠이야말로 신체의 모든 기능을 회복시키는데, 숙면하지 못하면 다음 날 낮에도 계속 피곤이 쌓이게 된다. 담배의 뇌를 자극하는 니코틴도 깊은 잠을 방해한다. 또한 저녁에 TV나 스마트폰으로 자극적인 영상을 보고 있진 않은지 체크하라. 취침 전 시청한 영상이 머리에 맴돌아 잠 들기 어려울 수 있다.

셋째, 불면증이 생길 만한 신체 질환은 없는지 체크하라. 대표적으로 소변이 마려워 밤에 2회 이상 깨는 '야간뇨' 같은 질환이 있으면 숙면하기 힘들다. 부종이 심할 경우 낮에 다리가 많이 붓는데, 밤에 누우면 하반신에 있던 수분이 다시 혈관 안으로 돌아오게 된다. 그리고 몇 시간 후면 그 수분이 소변으로 변하여 자는 도중에 쉬가 마려워진다. 본인이 여기에 해당한다면 저녁 때부터 다리를 높은 곳에 올려놓거나 압축 스타킹을 신어, 다리에 있는 수분을 소변으로 내보낸 후 잠자리에 드는 게 좋다. 또한, 수면무호흡증도 양질의 수면을 방해하니 검사를 받아보길 바란다.

비결 2 요약

1. 노화는 막을 수 없다. '노인'이 아닌 '어르신'이 되고 싶다면 감성지능을 키워야 한다.

2. 과한 영상 시청과 꼰대 마인드, 사회적 요인, 생리학적 노화 등이 감성지능 발달을 방해한다.

3. 감성지능이 낮으면 우울증이나 불안증 같은 정신질환의 발병 가능성도 커진다.

4. 배움의 자세를 갖추고, 좋은 멘토를 찾아 관계를 맺으며, 베풀고 나누는 삶을 살면서, 꾸준히 운동하고, 수면의 질을 높이는 것도 감성지능을 발달시키는 데 도움이 된다.

5. 자극을 관리하여 세로토닌과 멜라토닌 분비를 촉진하면 숙면할 수 있다.

비결 3

내 약
복용법을 안다

스탠퍼드 시니어 클리닉에서 근무할 때, 90세 남성 환자가 본인이 복용 중인 약의 리스트를 노트에 적어서 가져왔던 기억이 지금도 생생하다. 노트에는 그저 약 이름만 적힌 게 아니었다. 어르신은 어떤 약이 어떤 효과가 있으므로 언제 먹으면 되는지, 하루에 몇 번 복용하면 되는지 이해하고 있었으며, 현재 복용 중인 약이 예전에 어떤 사유로 바뀐 것인지까지 정확히 기억하고 있어서 내게 자세히 설명해 주셨다.

복용 중인 약을 기록하고 정리하는 그의 습관은 언제 생긴 것일까? 10년 정도면 습관으로 자리 잡을 테니 한 80대부터 그렇게 한 것일까? 아니었다. 어르신은 은퇴 전까지 회계 일을 하면서 정리하는 습관이 몸에 배었고, 본격적으로 약을 복용하기 시작한 50대 전후로 약 이름을 노트에 기록하기 시작했다고 하셨다. 그렇게 기록하고 정리하면서 40년간 쌓인 약학 지식이 얼마나 대단하겠는가.

사실 약 이름을 익히고 외우는 것이 한국 어르신들에게는 버거울 수 있다. 대다수의 약 이름은 영어로 되어 있고 이를 직역한 것이기에 생소하고 어쩐지 화학물질처럼 느껴질 것이다. 그래서인지 미국의 한인 어르신들은 익숙한 방법으로 외우곤 하신다. 이를테면, '길고 커다란 흰색 약', '작고 동그란 핑크 알약'처럼 말이다. 하지만 모양과 색상은 제약회사에 따라 다르게 제조될 수 있으므로 이런 식의 암기법은 위험할 수 있다.

본인이 복용 중인 약의 이름을 군이 알아야 할 필요가 있을까? 전문 의학지식이 필요한 것도 아닌데 왜 알아야지 싶을 수도 있다. 그런 의문을 품게 되면 자연스럽게 다음 질문이 떠오를 것이다.

병원에 리스트가 있지 않나?

당연히 있다. 병원에서 환자가 앓는 질환에 대해 의사가 약 처방을 하기 때문이다. 또 약국에서도 환자의 처방전을 받아 약을 제조하므로 당연히 그 리스트를 가지고 있다. 그렇지만 하나 더, 환자가 실제 복용하는 약의 이름이 정리된 리스트가 필요하다.

'아니, 의사가 약을 처방하고 약사가 약을 지어주면 환자는 먹기만 하면 되지, 리스트 따위가 왜 필요해?' 싶을 수도 있다. 이상적으로는 이 3가지 리스트가 일치해야 한다. 하지만 현실에서는 여러 시기에 약을 처방받고 종종 그 내용이 바뀌므로, 3가지 리스트가 언제나 일치하는 경우를 찾기 어렵다. 약들이 뒤죽박죽 섞여버리면 어디에 효과가 있는 약인지, 어떻게 복용하면 되는지가 헷갈리기에 정작 중요한 약을 잊어버릴 수 있다.

그래서 정리가 필요하다. 의료계에서도 이런 약들을 정리하는 절차를 '약물조정medication reconcilliation'1이라고 부르며 수시로 행한다. 그럼에도 불구하고 진료실을 찾은 환자들 중에 의사로부터 "지금 어떤 약을 복용하고 계시나요?"라는 질문을 받았을 때 "네, 저는 로잘탄 50mg, 로수바스타틴 20mg, 탐수로신 0.4mg을 하루에 1번 복용하고, 메트포르민 500mg과 메토프롤롤 25mg을 하루에 2번 복용합니다"라고 대답할 수 있는 환자가 얼마나 되겠는가? 대부분의 환자들은 앞서 말한 것처럼 "길고 커다란 흰색 약을 하루에 1번 복용합니다"라고 대답한다. 생소한 데다 발음하기도 곤란한 약학 용어를 외우고 말하는 건 다른 나라의 언어를 새로 배우는 것과 다를 게 없다. 하지만 익숙하지 않아서 생소하게 들릴 뿐이지 조금만 신경 써서 터득하면 어느 순간 눈에 들어올 것이다. 그런데 약학 용어들은 어디서 배울 수 있을까?

가정 상비약

집에 타이레놀이나 비타민 영양제 같은 것이 하나도 없는 사람이 있을까? 약은 이미 현대인들의 일상에 자리 잡은 듯하다. 60세 이상의 시니어 중 정기적으로 복용하는 약이 전혀 없는 사람도 찾기 어려울 것이다. 이러한 약이 100세 시대를 열었다고 해도 과언이 아니다. 인간은 약으로 건강을 회복하고 유지할 수 있게 되었다. 하지만 동시에, 약 때문에 무너지기도 했다.

당뇨 환자가 당뇨약을 잘못 복용해 저혈당에 빠지고, 수면제를 과다 복용한 환자가 의식을 잃는다. 지인에게서 받은 발기부전제를 먹고 심장마비로 사망한 사람도 있다. 이처럼 약은 약인 동시에 독이다. 모든 약은 권장량과 복용법이 있고 이를 어기면 부작용이 생겨 '독'이 될 수 있다는 말이다.

문제는, 초, 중, 고등학교 교육과정에서 약을 안전하고 효율적으로 복용하는 방법을 가르쳐주지 않는다는 것이다. 약물 복용에 대한 교육이 부족한 탓에 부작용에 대한 과도한 두려움으로 필요한 약을 제때 복용하지 못하거나, 부주의하게 과다 복용하여 응급실에 가게 될 수도 있다.

올바른 자세를 갖추기 위한 구체적인 근력 운동법을 배워야 하는 것처럼, 감성지능을 높이기 위한 마음 훈련법을 제대로 배워야 하는 것처럼, 약물 복용에 대한 교육도 표준화되어야 한다. 다만 독자들은 약사나 의사가 아니기에 눈높이에 맞춰 쉽게 정리했다. 약에 관한 상식이라고 해도 될 만한 기본적인 것들만 엄선했으니 이 정도는 꼭 알고 넘어가자.

어느새 먹어야 할 약이 한 줌이라면?

하루에 꼭 챙겨야 할 약을 모아 손바닥에 올렸는데, 그것이 어른 손 한 줌이나 될 정도로 많다는 생각이 들지 않는가? 어쩌다 이렇게 많은 약을 의지해 살아야 할 만큼 육신이 쇠약해진 건지, 다소 씁쓸한 기분도 들 것이다. 비단 당신만의 문제는 아니다. 현대인들은 정말 그런 사회에 살고 있다. 페니실린을 처음 발견했던 1928년에는

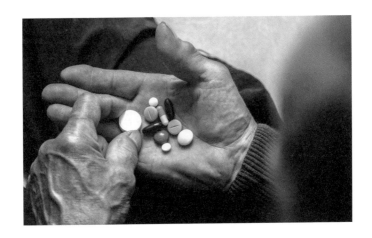

정말 구하기 힘들 만큼 약이 귀했다. 하지만 이 시대 시니어들은 복용해야 할 약이 너무 많아서 어떤 약을 어떻게 먹어야 하는지조차 헷갈릴 정도로 부담을 느끼며 살고 있다.

약을 5종 이상 먹는 것을 '다약제 복용'이라고 한다. 의사들이 이런 진단명을 만들어 붙인 데는 이유가 있다. 다음 그래프에서 보듯 다약제 복용으로 인해 부작용이 늘고 시니어들의 병원 입원율과 사망률이 증가한다는 연구[2] 결과들이 나오고 있기 때문이다. 한 연구[3]에 따르면, 다약제 복용과 그에 따른 부상에 취약한 그룹은 고령자, 여성, 저학력, 지방 거주자이며, 특히 '병은 무조건 약으로 치료해야 한다'고 생각하는 사람과 여러 기저질환자였다.

복용약의 수와 부작용 발생 비율

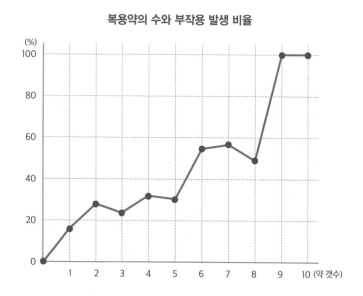

미국 상위 1% 부자들의 7가지 건강 습관

이처럼 복용해야 할 약이 늘어나면 실제로 시니어들이 혼란스러워져 정작 필요한 약을 챙기지 못하거나 실수로 과다 복용할 수 있어 위험하다. 아침과 저녁으로 하루 2번 복용해야 하는 약을 아침에만 복용해 병원에 입원한 환자도 만난 적이 있고, 반대로 당뇨약을 먹었는지 안 먹었는지 헷갈려서 여러 번 복용했다가 저혈당이 심하게 와서 실려 온 환자들도 수차례 봤다.

그 누구도 다약제 복용을 원하거나 권하지 않는다. 그저 환자와 의료진, 의료 시스템의 복합적인 원인이 낳은 결과일 뿐이다. 이미 발생한 일의 원인을 분석하는 것은 다소 재미없는 일이니 간략하게만 짚고 넘어가자.

너무 흔해져버린 약들

사실 일반 환자들에게 약에 대한 경각심이 있으리라 기대하긴 힘들다. 어쩌다 약을 잘못 복용하는 바람에 병원에 실려 온 환자가 아닌 이상 말이다. 약물 오남용으로 입원한 환자와 또 그의 간병인은 이것이 얼마나 위험한 일인지 경험으로 알기에, 바로 다음 날부터 정말 신중하게 약을 정하고 정확한 수치로 약을 복용하려고 애쓴다. 애초부터 약물 오남용에 대한 경각심이 있어야 함에도 그렇지 않은 이유는 무엇일까?

처음에는 경각심을 갖고 있었지만 시간이 흐르면서 점차 없어지는 경우가 가장 흔하다. 건강검진을 받거나 처음 진료를 받고서 약을 처방받았을 때는 꼼꼼히 챙겨서 복용하고 부작용에 관해서도 의사나 약사와 상담했을 것이다. 하지만 병원에 방문한 지 1~2년쯤 지나면 그 모든 약이 그저 매일 밥처럼 먹어야 하는 루틴이 된다. 수차례 리필받거나 의사가 처방을 바꾸면 예전에 먹던 약도 집에 남는데, 그런 약들이 점차 쌓여 어느새 서랍 하나를 차지하게 된다. 이렇게 바닥에 떨어진 약의 위상(?)이 다른 약에도 적용되면서 경각심이 느슨해지는 것이다.

그렇다고 약에 대해 지나치게 경각심을 가져서도 안 된다. 그저 부작용에 관한 설명을 읽어보고 이해가 되지 않으면 의사나 약사에게 물어보라. 우리 모두가 모든 걸 알 수도, 알 필요도 없다. 그래서 전문가가 있는 것이다. 이를 전문적으로 공부하고 많은 환자를 만나서 진료해 본 의료진과 수많은 약을 제조해 본 약사에게 물으면 된다. 해당 약을 잘못 복용할 때 어떤 위험이 있는지, 부작용은 무엇인지, 혹시 부작용이 나타나면 어떻게 해야 되는지 등을 물어보고 이해하고 있으면 된다. 무엇보다 시중에 판매되는 약들은 대개 여러 연구와 실험을 통해 안전성에 대한 검토가 이뤄진 것들이기에 부작용을 심각하게 걱정하지 않아도 된다.

환자와 의사의 역할 분담

정기적으로 환자의 혈액검사를 하다 보면 한동안 콜레스테롤 수치가 잘 관리되다가 다시 높게 치솟은 사례를 접하게 된다. 원인을 파악하고자 환자에게 이것저것 물으면, 복용 중이던 약을 중단했다는 대답이 돌아올 때가 많다. 혈압이 널뛴다며 찾아온 환자 중에는 혈압약을 여러 번 복용해도 좀처럼 혈압이 떨어지지 않는다고 호소하다가 결국 약을 먹지 않아 저혈압으로 어지러워 넘어지는 바람에 병원에 입원한 사례도 있다.

어디 그뿐인가? 남은 항생제를 상비약으로 집에 구비해 두었다가 방광염 증상에 이를 복용한 뒤 내성이 생긴 환자도 있다. 결국 이 환자는 그 어떤 경구복용 항생제로도 효과를 보지 못해 병원에 입원할 수밖에 없었다. 수면제 중독으로 한 병원에서 더는 약을 얻지 못하게 되자 여러 병원을 옮겨다니며 수면제를 처방받아 조금씩 모으는 환자가 있는가 하면, 발기부전 치료제를 처방받아 친구들끼리 나눠서 복용하는 환자도 있다.

이러한 사례들의 공통점은 무엇인가? 바로, 환자가 의사 역할을 하려 했다는 점이다. 환자에게 1가지 약을 처방해 복용을 시작하고 중단하게 하는 의사의 결정에도 대단히 많은 의학적 근거와 고려가 필요하다. 환자들이 자체 판단으로 약물의 복용과 중단을 결정하는 건 그것이 얼마나 위험한 것인지, 어떤 치명적인 문제가 발생할 수 있는지 모르기 때문일 것이다.

복용 중인 약을 중단하거나 양을 조절하고 바꾸고 싶다면, 반드시 주치의와 상의해야 한다. 그저 인터넷 정보나 유튜브 영상에서 들은 내용, 혹은 지인 심지어 그가 의사라고 해도 그 이야기만 듣고 복용하는 약을 조절하거나 중단했다가 신체에 큰 문제라도 발생한다면 어떻게 할 것인가? 해당 정보를 제공한 사람이나 영상 제작자, 혹은 지인 의사도 이에 대한 책임을 지지 않는다. 그간 당신의 건강을 책임지고 보살폈던 주치의 또한 사고에 책임이 없다. 의사가 권장한 바를 따르지 않고, 환자 자신의 판단에 따라 결정한 것이기 때문이다. 결국 본인만 크게 손해를 보는 것이다.

환자는 환자의 역할을 할 때 가장 안전하다. 무조건 의사가 하라는 대로 약을 먹고 질문도 하지 말라는 뜻이 아니다. '묻지도 따지지도 말고 약 먹기' 또한 위험할 수 있다. 의사와 상담하고 치료의 개요와 득과 실 등을 충분히 이해한 뒤 치료에 참여하는 것이 중요하다. 의사도 마찬가지다. 의사의 역할을 충실히 이행해야 한다. 바쁘다는 핑계로, 피곤하다는 핑계로 환자에게 충분히 설명하지 않고 질문할 기회조차 주지 않으면 안 된다. 불가피한 경우엔 간호사나 약사에게 도움을 청해 환자가 약에 관해 충분한 설명을 듣고 이해할 수 있게 해야 한다.

이처럼 의사와 환자의 팀워크가 중요하다. 심리학 용어로는 '라포르rapport'라고 하는데, 의사소통에서 상대방과 형성되는 친밀감과 신뢰를 말한다. 이러한 상호협조로 의사와 환자 간 호흡이 잘 맞으면 적절한 설명과 질문으로 치료가 원활하게 이뤄진다.

의료진의 중복 처방

의사와 환자 간 라포르가 잘 형성되어도 문제가 발생할 수 있다.

내가 진료한 72세 남성 환자는 실수로 같은 날 두 의사를 만나 처방받은 두 약을 하루에 모두 복용하는 바람에 부작용으로 고생한 사례다. 그는 진료 시 내게서 항우울제에 관해 충분한 설명을 들은 후 약을 처방받았다. 하지만 주치의인 내게 알리지도 않고 같은 날 신경과에 방문해 동일한 계열의 항우울제를 처방받아 복용한 것이다. 신경과 전문의는 환자가 어떤 약을 처방받았는지 알려주지 않았기에 이를 몰랐고, 약사 또한 이런 문제에 관해 주의를 주지 않았다. 결국 항우울제를 중복 복용한 뒤 심장이 두근거리고 설사가 계속되자 내게 연락이 왔다. 사실 환자가 이렇게 약을 중복 처방받아 복용했다는 사실을 알아내는 데도 꽤 많은 시간이 소요됐다. 최근 약 복용 리스트가 있었던 것도 아니었고, 환자는 그저 새롭게 나타난 증상에 대해서만 이야기했기 때문이다. 다행이라면, 복용한 약의 용량이 심각할 정도로 많은 것은 아니어서 큰 의료사고를 피할 수 있었다는 것이다. 환자 역시 의료진과의 소통이 얼마나 중요한지 확실히 깨달았을 것이다.

이 같은 약의 중복된 처방을 예방하려면 한 의사, 즉 주치의가 모든 처방을 감당해야 한다. 미국에서는 응급 상황이 아닌 경우 많은 전문의가 주치의와 상의한 후 약을 복용하길 권장한다. 주치의로부터 연락이 올 때까지 기다려야 하기에 다소 답답하지만 이것이 가장 안전하다. 주치의가 있는 병원에 연락해 간호사에게 전문의의 권장 사항을 전달하여 주치의가 검토한 후 처방받을 수 있는 시스템을 구축해 놓으면 환자가 어느 전문의를 방문해 어떤 진단을 받았는지 정리되고 약 또한 주치의가 검토한 후 처방되므로 약사 역시 편하다. 중복된 약이 처방되었을 때 양쪽 의사에게 연락할 필요 없이 주치의와만 소통하고 조정하면 되기 때문이다.

약 부작용을 약으로?

스탠퍼드 시니어 클리닉에 있을 때, 78세 남성 환자가 어지럼증과 떨림, 근육경직 증상을 호소하며 찾아왔다. 그가 복용 중인 약 리스트를 훑어보니 어딘가 이상했다. 몸이 떨리고 근육이 경직되고 움직임이 느려지는 파킨슨병 증상을 유발하는 성분의 약이 있었던 것이다. 함께 온 딸에게 물으니, 전에는 아버지에게 이러한 증상이 전혀 없었는데 이렇게 된 지 3개월 정도 되었다고 했다.

나는 역학조사에 들어갔다. 여러 정황들을 살펴보니 환자가 몇 달 전부터 혈압이 잘 조절되지 않아 새로운 혈압약을 복용하기 시작했는데, 이 때문에 통풍이 도졌다. 그래서 통풍 약을 먹기 시작하니 위장장애가 왔고, 그 위장장애를 치료하기 위한 약을 먹었더니 위장장애는 조금 좋아졌지만 파킨슨병 증상이 생긴 것이다. 나는 환자가 복용 중인 이 모든 약을 정리하고 부작용으로 파킨슨병 증상을 유발할 수 있는 약 복용을 중단시켰다. 얼마 후 어르신은 다시 정상으로 돌아왔다.

일반인은 약을 어떻게 얼마나 먹어야 하고, 또 어떤 것과 함께 복용하면 안 되는지 잘 모른다. 만약 의료진들이 환자가 복용하는 약 리스트를 꼼꼼히 살피고, 비처방 약물까지 세세히 검토했다면 이런 불상사가 일어나지 않았을 것이다. 통풍이 왜 생겼을지 생각해 보고, 약들을 리뷰하며, 위장장애가 나타났을 때 환자와 깊은 대화를 나눴다면 예방이 가능하지 않았을까 싶다. 약의 부작용을 다시 약으로 치료하려다 일어난 문제다.

영양제를 선물하기 전

가족들 또한 주의가 필요하다. 나는 정기적으로 환자들이 복용 중인 약을 살펴보곤 하는데, 어느 날 어르신 환자가 자신의 가방에서 현재 먹고 있다는 약들을 꺼냈는데, 의아하다 싶을 정도로 많은 양에 놀랄 수밖에 없었다. 그간 내가 처방해 드린 약 외에 각종 영양보조제가 가득했던 것이다. 거기엔 총 12가지 영양보조제가 포함되어 있었다.

어르신은 본인이 구입한 게 아니라 모두 딸이 선물로 사준 것이라고 했다. 자녀는 당연히 날로 쇠약해지는 부모의 건강을 걱정하며 효도하는 차원에서 챙긴 선물일 것이다. 하지만 그 의도와는 다르게 어머니는 오히려 부담스러워하고 있었다. 그 많은 영양제가 정작 어디에 좋은지, 어떤 효과가 있는지 잘 모르고 헷갈리기도 했지만, 약들을 볼 때마다 무조건 먹어야 할 것 같았다고 하셨다. 그렇게 매일 12가지 영양보조제를 먹다 보니 몸도 마음도 부담될 수밖에 없었다. 앞에서도 잠시 언급했듯 이 같은 상황에서 가장 위험한 것은, 복용하는 약이 너무 많을 경우 어떤 약이 중요하고 어떤 약이 덜 중요한지 모르고 헷갈려서 정작 중요한 약을 복용하는 걸 놓칠 수 있다는 것이다. 반드시 챙겨야 할 약을 먹지 못할 경우 자칫 심장마비 같은 위험한 상황에 처할 수 있고, 그래서 다시 또 먹어야 할 약이 늘 수도 있다.

만약 부모님의 건강이 우려되어 영양보조제를 선물하고 싶다면, 구입하기 전에 꼭 물어보자. 현재 어떤 약을 어느 정도 복용하고 있는지 확인하고 이러저러한 보조제를 드릴까 하는데 괜찮은지 체크하자. 또 가족이라면 평소에도 환자가 어떤 약을 복용하고 있는지 주기적으로 확인하고 의사와 상의할 수 있게 돕는 것이 새로운 보조제를 선물하는 것보다 훨씬 유용한 선물이라는 걸 기억하자.

복용약을 줄이는 법

노년기에 약을 아예 복용하지 않는 건 거의 불가능하다. 그렇다고 다양한 약을 너무 많이 먹는 것도 좋지 않다. 약이 계속 늘어나는 걸 막을 수는 없을까?

나이가 들면서 복용하게 되는 약이 늘어나는 이유는 무엇일까? 특정 질환에 대한 가족력, 즉 유전으로 일한 발병, 건강하지 못한 생활습관과 식습관의 누적과 노화로 인한 건강 악화로 챙겨야 할 약이 하나둘씩 늘어나기 때문이다. 다만 복용약을 줄이고 싶다면, 예방 차원에서 복용해야 할 약을 미리 잘 챙기는 것도 방법 중 하나다.

심장마비를 한번 겪으면, 항응고제와 베타차단제, ACE차단제, 협심증약, 콜레스테롤약 복용이 시작된다. 이 5가지 약을 중단하면 협심증이 생길 가능성이 크기에 절대 끊지 못하게 된다. 앞서 다약제 복용에 관해 설명할 때 약의 개수가 5개 이상이 되면 위험하다고 했는데, 벌써 끊을 수 없는 약이 5개가 된 것이다.

그럼 어떻게 해야 할까? 애초에 의사가 "심장마비 예방을 위해 콜레스테롤약을 복용하시면서 열심히 운동하시고, 식사 조절하세요"라고 말할 때 그대로 따르는 것이다. '당장 문제가 있는 것도 아닌데 콜레스테롤약을 벌써부터 먹는 게 맞나?' 하면서 고민만 하다 운동이나 식사 조절도 게을리하면 심장마비가 발생하는 순간부터 5가지 약을 먹게 되니 말이다. 그러니 다약제 복용을 예방하는 첫 번째 방법은 의사의 처방에 따라 소량의 약 복용을 시작하는 것이다.

또한 예방과 치료의 방법이 약만 있는 건 아니다. 건강 문제를 오로지 약으로만 해결하려는 의료진보다는 환자가 할 수 있는 운동법을 알려주고 환자의 식단을 관심 있게 살펴봐주는 의사를 만나는 것도 중요하다. 반면 약이 필요한데도 그저 환자의 기분을 맞춰주려고 지나치게 약 사용을 주저하는 의료진도 있는데, 이 역시 주의해야 한다.

복용약 정리하는 방법

거듭 강조하지만, 중요한 것은 자신이 먹고 있는 약이 어떤 것인지 알고 약을 잊지 않고 제때 챙기는 것이다. 이를 위해 복용 중인 약을 어떻게 목록화하면 되는지 소개하고자 한다. 이는 의사와 약사뿐 아니라, 간호사와 구조대원 등 의료계 교육을 받은 모든 이가 활용하는 정리법이기도 하다.

약품명, 분량 및 단위(mg, mcg 등), **복용 경로**(경구복용 PO, 정맥 내 IV, 근육 내 IM 등), **복용 빈도수**

이것이 바로 훈련받은 의료진들이 복용약을 기록하는 순서다. 중요한 순서대로 나열하고 수식어를 붙인 것이다. 따라서 '로잘탄 50mg 경구복용 1일 1회'라고 되어 있으면 훈련받은 이들은 바로 이해하지만 '50mg 1일 1회 로잘탄'처럼 순서가 바뀌면 갑자기 혼란스러워지고 외우고 기억하기도 쉽지 않다. 참고로, 대부분의 약은 입을 통해 복용하기에 '경구복용' 정도는 생략하는 것도 가능하다. 다음처럼 표를 만들어 정리하면 보기에도 편하고 이해하기도 한결 쉬울 것이다.

약품명	분량 및 단위	복용 빈도수	사용 목적	비고
로잘탄	50mg	1일 1회(저녁)	고혈압	
메트포르민	1000mg	1일 2회(아침과 저녁)	당뇨	부작용: 메스꺼움
로수바스타틴	10mg	1일 1회(저녁)	콜레스테롤	

따라서 현재 복용 중인 약을 정리할 때는 '로잘탄 50mg 1일 1회'라고 적고 끝에 '혈압약'이라고 적어 분류하면 된다. 또 어떤 약이 무엇에 관한 약인지 잘 모르겠다면 그때그때 의사나 약사에게 문의하고 부작용 등을 비고에 기록해 두자. 이 같은 방법으로 휴대용 노트에 복용약 리스트를 적어두거나 스마트폰의 메모 앱에 이를 작성해 저장해 놓길 권한다.

복용 중인 약의 리스트를 텍스트로 정리하는 방법 외에도, 본인이 약을 복용했는지 안 했는지를 확인하고 정리하는 방법이 있다. 가장 값싸고 좋은 방법은 알약 상자, 즉 '필 박스pill box'를 사용하는 것이다. 이미 사용하고 있는 분도 있겠지만, 필 박스는 그림에서 확

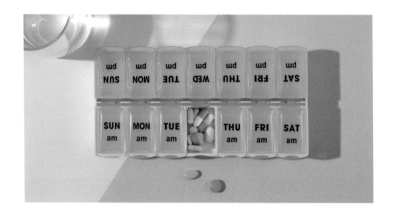

인할 수 있듯 7개의 뚜껑 위에 '월화수목금토일'이 적혀 있기에 그 날에 해당하는 요일 뚜껑을 열어 약을 먹으면 되고 복용 여부를 쉽게 확인할 수 있다. 물론 일주일에 한 번, 날을 잡아서 필 박스에 복용약을 미리 챙겨 넣어야 한다.

약은 하나씩

나이가 들면서 몸에 이상을 느껴 병원을 찾으면, 일단 여러 가지 문제를 발견하게 될 것이다. 고혈압, 고지혈증, 당뇨 전 단계, 관절염, 등등. 이 모든 질환에 꼭 약이 필요한 건 아니지만 약 복용이 필요한 상황이라면, 하나씩 처방받길 바란다. 당연한 소리처럼 들릴 수도 있지만, 사실 의료진 중에는 환자에게 한꺼번에 여러 약을 처방

미국 상위 1% 부자들의 7가지 건강 습관

해 주는 이도 있다. 어쩌면 그 의사는 이들 약 모두가 중요하다고 할지 모른다. 하지만 가급적 정중한 태도로 간격을 두고 하나씩 처방해 줄 수 있는지 문의해 보라. 한꺼번에 여러 약을 복용하기 시작하면 현재 복용하는 약에 관해 배우는 과정을 놓치게 된다. 만약 혈압약과 콜레스테롤약 모두 복용해야 하는 상황이라면, 먼저 혈압약부터 먹기 시작하고 2~4주 후에 콜레스테롤약 복용을 시작하는 것이다. 불과 2~4주 사이에 콜레스테롤 수치가 너무 치솟아 문제가 생길 가능성은 작다. 다만 여러 약 중에서 어떤 약을 먼저 시작하고 어떤 약을 나중에 시작할지는 주치의의 판단에 맡기길 바란다.

장기복용 약과 단기복용 약

장기복용 약과 단기복용 약은 구분해야 한다. 어쩌면 당연한 이야기인데, 많은 환자가 모든 약을 한 서랍 안에 넣고 보관하곤 한다.

내가 진료한 한 환자는, 위내시경 후 헬리코박터균이 검출되어 치료를 위해 2가지 항생제와 위장약을 아침과 저녁으로 복용하게 되었다. 그런데 이 환자에겐 이 외에도 장기복용 중인 약이 6개나 더 있었다. 나는 환자에게 헬리코박터 치료제를 적어주며 이를 언제 복용해야 하는지 구체적으로 알려주었다. 하지만 환자는 추가로 복용해야 하는 항생제와 위장약 때문에 헷갈린다는 이유로 장기복용 중이던 약을 스스로 중단했다.

놀랍게도 대다수의 환자가 약은 단기간 복용하는 것이라고 생각한다. 물론 항생제나 소염제 같은 약들은 그렇다. 하지만 혈압약이나 콜레스테롤약, 당뇨약처럼 비교적 오랜 시간 복용하면서 질병을 관리해야 하는 약도 많다. 장기복용 약을 잘 정리하고 복용하는 기본기를 갖추면 중간에 단기복용해야 할 약이 추가되더라도 어렵지 않게 챙길 수 있을 것이다.

장기복용 약은 약 정리함을 활용해 정리해 보자. 일주일에 한 번씩 그 주에 복용해야 하는 약을 누락시키지 않기 위해서다. 따로 시간을 내서 정리해야 하기에 다소 번거로울 수 있지만, 약을 먹었는지 아닌지 쉽게 알 수 있으니 효과적이다. 바쁜 일상에 지쳐서 기억이 가물가물해질 때, 약 정리함 속 약이 비었는지 아닌지만 봐도 복용 여부를 확인할 수 있다.

약 복용에 관한 Q&A

약물의 오용과 남용으로 인한 위험이 대단히 심각한데도 많은 사람이 이를 대수롭지 않게 여기는 것 같다. 약 복용과 관련해 환자들이 종종 질문하고 나 역시 한 번쯤 알려주고 싶었던 것들을 Q&A로 모았다.

Q _ 약을 찬물과 함께 먹어도 되나?

A _ 가장 이상적인 것은 미지근한 물 한 컵과 함께 약을 복용하는 것이다. 물의 온도가 크게 문제 되지는 않지만, 찬물은 위장 점막의 흡수력을 저하시킬 수 있기 때문이다.

Q _ 약을 우유와 함께 먹어도 되나?

A _ 가급적 삼가야 한다. 우유에 든 칼슘이 약의 체내 흡수를 저지하고 약효를 떨어뜨릴 수 있어서다. 해열제나 소화제, 감기약은 우유와 함께 복용하지 않는 게 좋다. 특히 장용성 제형의(위에서 녹지 않고 장에서 녹아 약효를 내도록 코팅됨) 변비약일 경우, 우유와 함께 복용하면 위에서 코팅이 녹아서 위장장애를 일으키고 약 효과도 저하된다.

Q _ 약을 먹고 술을 먹어도 되나?

A _ 모든 약은 술과 함께 복용하면 안 된다. 항생제와 술을 같이 먹으면 구토를 일으키고, 항우울제같이 뇌에 작용하는 약을 술과 함께 복용하면 심박동이나 호흡 기능이 떨어질 수 있어 매우 위험하다. 또 혈압약을 술과 함께 복용하면 약의 효능을 지나치게 높여 갑자기 혈압이 떨어질 수도 있다.

Q _ 약을 밤에 꼭 복용해야 하나?

A _ 약을 아침에 먹는 게 좋은지, 밤에 먹는 게 좋은지에 관한 질문은 많은 환자로부터 자주 받는 질문이다. 실제 혈압약과 콜레스테롤약은 밤에 복용하는 것이 좋다. 하지만 복용 시간을 바꾸려다 자칫 헷갈려서 먹는 걸 놓치게 되면 더 큰 문제이니, 복용 시간에 얽매이기보다 약 먹기를 잊지 않도록 더 주의하자.

Q _ 약 복용 시간을 놓쳤다면?

A _ 약 먹는 것을 깜빡했다면, 생각난 즉시 복용하는 것이 가장 좋다. 단, 다음 복용 시간까지 얼마 안 남았다면 거르고 조금 기다렸다가 제시간에 복용하는 것이 낫다. 이를테면 8시간마다 1회 복용해야 하는 약인데 시간을 놓쳐 다음 턴까지 4시간도 남지 않았다면 거르라는 말이다. 특히 주의할 것은, 절대 한 번에 2배 용량을 복용해서는 안 된다는 점이다.

Q _ 알약의 경우 잘라서 먹어도 되나?

A _ 대부분은 괜찮지만, 장용성 제형일 경우 문제가 된다. 서방정은 복용 후 인체에 천천히 흡수되도록 정제 겉면에 특수 막을 코팅한 것으로, 자르거나 부수면 성분이 파괴되어 약효가 떨어질 수 있다. 또한 자칫 약물 농도가 급격히 상승해 부작용이 생길 수도 있으니 주의해야 한다. 따라서 약의 형태를 바꾸고

싶다면 반드시 약사와 상의 후 결정하자. 또, 약을 자를 때는 약 커터기를 사용해야 쉽게 잘라 복용할 수 있다.

Q_ **공복에 복용해야 하는 약은?**

A_ 특정 약은 식사 후 복용할 경우 위장에서 흡수력이 감소되어 효과가 줄어들 수 있다. 레보티록신levothyroxine 같은 갑상선약 이나 오메프라졸omeprazole, 프로톤펌프proton pump 억제제 같 은 위장약 등이 이에 해당한다. 또한 골다공증치료제 중 알렌 드론산alendronate과 리세드론산risedronate 같은 비스포스포네 이트bisphosphonate계 약은 아침에 일어나자마자 공복에 복용 하되 식도에 자극을 줄 수 있으므로 200mL 정도의 충분한 물 도 함께 마셔야 한다. 특히 이런 약은 복용 후 30~60분 동안 은 비스듬히 앉거나 누워서는 안 된다.

Q_ **음식과 함께 복용해야 하는 약은?**

A_ 식사 후 또는 식사 도중에 복용해야 음식에 의해 부작용을 줄 이거나 위장에서 흡수율을 증가시켜 효과를 높일 수 있는 약도 있다. 대표적으로 소염제가 식후에 복용하는 것이 좋은 약이 다. 장기복용 시 생길 수 있는 위염이나 위출혈을 예방할 수 있 다. 또한 크레온캡슐creon cap 같은 소화효소는 식사 도중에 복 용해야 음식물과 잘 섞여서 가장 높은 흡수 효과를 볼 수 있다.

심장혈압약 중 카르베딜롤^{carvedilol}은 공복에 복용하면 약이 너무 빨리 흡수되어 기립성저혈압 부작용이 유발될 수 있으니 식후에 복용해야 한다. 음식과 함께 복용해야 하는 약명을 모두 언급하기 어려우니 현재 복용 중인 약은 약사에게 문의하길 바란다.

Q _ 약의 용량은 어떻게 결정하나요?

A _ 노화가 진행될수록 체내에서 약을 분해하거나 배설하는 능력이 감소한다. 따라서 동일한 용량의 약을 먹어도 젊은 성인보다 부작용이 더욱 심하게 유발될 수 있으므로 부작용 관련 내용을 반드시 숙지하고, 일반 성인보다는 적은 용량으로 복용을 시작할 필요가 있다.

영양보조제, 정말 효과가 있을까?

생각보다 많은 사람이, 또 생각보다 많이 영양보조제를 맹신하고 있다. 영양보조제는 그 이름에서 보듯, '보조' 정도로 생각해야 한다. 건강을 위한 보조일 뿐, 우선되어서는 안 된다는 뜻이다.

잠이 부족해 건강에 대한 염려로 가득 찬 어르신들이라면 '불면증 치료'에 도움이 된다는 영양보조제 광고에 솔깃해질 것이다. 멜라토닌만 해도 그렇다. 효과가 전혀 없는 것은 아닐 테지만 불면증 치료를 보조할 뿐 불면증을 완전히 해결해 주는 건 아니다. 건강에 이상이 전혀 없는 사람에게는 이러한 설명이 당연하게 들릴 수 있지만 특정 질환으로 고통받고 있는 시니어라면 이를 객관적으로 판단하기 어려울 수 있다. 특히 일반인들이 보기에 처방전에 쓰인 약품에는 대개 '케미컬chemical'이란 단어가 붙어 다소 무섭게 느껴지고, 영양보조제엔 '내추럴natural'이 붙어 친근하게 느껴질 수 있다. 반면 이 두 약에 관해 공부하고 사용해 본 의료진들은 둘 다 복용 시 주의가 필요하다는 점을 알고 있다. 따라서 현재 복용 중인 영양보조제가 있다면 의사나 약사와 함께 정리하고 제대로 된 치료를 시작하길 바란다.

'의사들도 모르는 ○○○ 영양제의 효과!'

이렇게 적힌 메시지를 받은 적이 있을 것이다. 어쩐지 대단히 비밀스럽게 느껴지고 진짜 의료진들도 아예 모르는 대단한 효과가 있는 약이 개발된 것처럼 보인다. 제약회사 마케팅 직원은 일단 대중의 관심을 끌고, 특정 영양제의 효과를 부각시키고자 애쓴다. 혹시 모를 부작용에 관해서는 아예 언급하지 않을 때가 많다. 광고협회의 허락을 받은 광고물이라면 허위 광고일 가능성이 낮지만, SNS상에 무분별하게 떠도는 것들 중에는 허위 사실이 기입된 광고물도 많다. 약물의 효과를 정확히 알려면, 임상시험 결과를 봐야 하고 임상시험 자체가 제대로 설계된 것인지도 확인해야 한다. 연구를 조정해서 결과가 좋게 나오도록 한 건 아닌지 따져봐야 한다는 말이다. 가장 좋은 것은 의사나 약사와 상의하는 것이다.

기억하라, 건강을 위해 우선되어야 할 것은 운동과 식단 조절이다. 치료는 의사의 정확한 진단 후 처방된 방법으로 하고 그다음에 영양보조제를 고려하자.

여기서 잠깐!

영양보조제 리스트

'영양보조제'라는 이름 때문인지 환자들은 오히려 처방약보다 영양보조제의 부작용이 적으리라 오해하는 것 같다. 독자들의 이해를 돕기 위해 AGS에서 발표한 영양보조제 주의사항을 참고해, 영양제 리스트를 정리했다. 사실 영양보조제 역시 어느 정도 유행을 타기에 이 책에 모든 영양보조제를 나열하기는 어렵다. 리스트에 없는 영양보조제는 약사에게 문의하길 바란다.

에쿼린apoaequorin
• 용도: 노화로 인한 기억력 문제, 경도인지장애 개선, 뇌 건강

- 부작용: 두통, 어지럼증, 메스꺼움, 수면장애, 불안증
- 추가설명: 해파리에서 분리된 칼슘 활성화 광단백질. 안전성 검사는 동물실험 토대로만 이뤄졌다.

블랙코호시/검은노루삼black cohosh

- 용도: 갱년기 안면홍조 개선
- 부작용: 간독성, 아스피린 성분 포함
- 약물 상호작용: 혈압약과 같이 사용하면 저혈압이 올 수 있다.
- 추가설명: 에스트로겐 성분이 포함되어 있지 않다. 의학적으로 높은 가치를 인정받는 체계적 문헌고찰 코크란 리뷰Cochrane Review는 2012년, 이 약품들이 갱년기 치료에 도움이 된다고 보기에 근거가 부족하다고 밝혔다.[4]

글루코사민glucosamine/콘드로이틴chondroitin

- 용도: 퇴행성 관절염, 류머티스관절염 개선
- 부작용: 글루코사민- 식욕저하, 수면장애, 피부 간지럼증, 부종, 심박 급속증 / 콘드로이틴- 메스꺼움, 소화불량, 안압 증가
- 추가설명: 연구 결과들을 종합해 수차례 메타분석을 해본 결과, 퇴행성 관절염 치료에 확실한 효과를 입증하지 못했다. 따라서 미국정형외과학회와 미국류머티스학회에서는 이들을 무릎 관절염 치료제로 공식적으로 권장하지 않는다. 1,500명의 퇴행성 관절염 환자를 대상으로 실험한 한 연구에서는, 콘드로이틴 자체나 콘드로이틴/글루코사민 복합제의 효과가 플라세보 효과보다 없었다.

코엔자임 큐텐 coenzyme Q10

- 용도: 심혈관질환(심근경색, 심부전증, 고혈압), 근육통, 치주질환, 당뇨, 비만 등 개선, 치매 예방, 파킨슨병, 스타틴 근육통 예방
- 부작용: 복통, 두통, 메스꺼움, 구역질
- 추가설명: 출혈 위험을 증가시킬 수 있기에 간 질환이 있는 경우 복용에 주의가 필요하다. 혈압약과 함께 복용 시 혈압이 과하게 떨어질 수 있다.

커큐민 curcumin /강황

- 용도: 퇴행성 관절염 개선
- 부작용: 메스꺼움, 설사, 피부 알레르기 발진, 칼슘 수산염 요로결석 위험 증가
- 약물 상호작용: 항응고제, 면역억제제와 상호작용이 있어 출혈 위험이 커질 수 있다.

DHEA

- 용도: 갱년기 증상, 질 건조증, 골다공증 개선
- 부작용: 여성 - 체중 증가, 조모증(얼굴에 털이 많이 자람), 두통, 목소리 변화 / 남성 - 전립선 비대증, 남성호르몬에 민감한 암 증가
- 약물 상호작용: 칼슘 채널 차단제 혈압약, 발기부전 약물, 간질약, 항우울증약, 항정신병약물, 여성호르몬, 남성호르몬과 같이 복용 시 주의가 필요하다.

에키네시아 echinacea

- 용도: 면역 강화, 일반 감기 개선
- 부작용: 간독성, 알레르기 반응, 위장 질환, 피부 발진
- 약물 상호작용: 면역억제제, 스타틴계 콜레스테롤약, 항우울증약, 항 정신병약물, 항곰팡이제와 같이 복용 시 주의가 필요하다.
- 추가설명: 수술 2주 전에는 꼭 복용을 중단해야 한다.

피버퓨 feverfew

- 용도: 소염제, 편두통 예방
- 부작용: 혈소판 기능 저하, 출혈, 위장 질환, 입 주위 부풀어오름
- 약물 상호작용: 일반 소염제, 혈소판 기능을 저하시키는 아스피린과 같이 복용 시 주의가 필요하다.
- 추가설명: 과다 출혈 위험이 있으므로 수술 1주 전에는 꼭 복용을 중 단해야 한다.

오메가 3

- 용도: 심혈관질환 예방, 중성지방 감소, 류머티스관절염 통증 완화, 염증성장질환 개선, 천식과 조울증, 정신분열증, 기억력 저하, 기억력 감퇴 예방, 면역력 강화
- 부작용: 위장장애, 소화불량, 설사, 메스꺼움, 생선 비린내 같은 구취, 혈당 증가, 간수치 증가^{ALT}, LDL 콜레스테롤 증가
- 약물 상호작용: 항응고제, 항혈소판제, 고혈압약, 면역억제제와 같이 복용 시 주의가 필요하다.

- 추가설명: 해산물 알레르기가 있다면 주의, 간수치 ALT, 콜레스테롤 수치 TG, LDL 모니터 필요.

아마씨유(플랙시드 오일)flaxseed oil

- 용도: 류머티스관절염, 천식, 변비, 당뇨, 고지혈증, 폐경기 증상, 심혈관질환, 전립선 비대증 개선
- 부작용: 출혈 위험, 저혈당, 저혈압, 복통, 설사
- 약물 상호작용: 소염제, 항혈소판제, 항응고제, 인슐린, 혈당을 낮추는 당뇨약과 같이 복용 시 주의해야 한다.

징코빌로바(은행잎 추출물)ginko biloba

- 용도: 치매 예방 및 치료, 편두통, 뇌졸중 예방
- 부작용: 출혈, 메스꺼움, 두통, 설사, 어지러움, 부정맥
- 약물 상호작용: 항혈소판제, 항응고제, 소염제, 미다졸람과 같이 복용 시 주의해야 한다.
- 추가설명: 수술 36시간 전에는 복용을 중단해야 하며, 치매 예방 효과는 입증되지 않았다.

인삼

- 용도: 소화장애, 이뇨효과, 항암, 심혈관질환, 중추신경질환, 내분비 질환 개선
- 부작용: 고혈압, 빈맥, 수면장애, 우울증
- 약물 상호작용: 항혈소판제, 항응고제, 소염제와 같이 복용 시 주의

가 필요하다.

- 추가설명: 수술 7일 전에는 복용을 중단해야 한다.

카바 kava

- 용도: 불안장애 개선, 신경안정 효과
- 부작용: 간독성, 위장장애, 두통, 어지러움, 피부발진, 소변장애, 파킨 슨병 악화
- 약물 상호작용: 간질약, 신경안정제, 파킨슨약과 같이 복용 시 주의 해야 한다.
- 추가설명: 불안장애 효과를 검증했으나 연구 사이즈가 작았다. 수술 24시간 전에는 복용을 중단해야 한다.

멜라토닌

- 용도: 수면장애 개선, 시차적응에 도움
- 부작용: 낮까지 졸림, 두통, 어지럼증, 메스꺼움
- 약물 상호작용: 항혈소판제, 당뇨약(인슐린 저항성을 올림)과 함께 복 용 시 주의해야 한다.

식이유황/MSM methyl sulfonyl methane

- 용도: 소염, 진통, 퇴행성관절염, 만성통증, 위장장애 개선
- 부작용: 메스꺼움, 설사, 피로감, 소화불량, 불면증, 두통

홍경천/로디올라 rhodiola rosea

- 용도: 기력 회복, 성관계 문제 해소, 스트레스, 우울증, 불안증 완화
- 부작용: 어지럼증, 구강건조증
- 약물 상호작용: 당뇨약(저혈당 위험), 혈압약(저혈압 위험)과 같이 복용 시 주의해야 한다.

쌤이SAMe s-adenosyl-methionine

- 용도: 우울증, 불면증, 퇴행성관절염, 류머티스관절염 개선
- 부작용: 소화장애, 불면증 악화, 어지럼증, 두통, 불안증
- 약물 상호작용: 항우울제(세로토닌 과다 분비), 소염제, 항혈소판제, 항응고제와 같이 복용 시 주의가 필요하다.
- 추가설명: 조울증 개선 효과는 미비하며, 수술 14일 전부터는 복용을 중단해야 한다.

쏘 팔메토 saw palmetto

- 용도: 전립선 비대증 개선
- 부작용: 두통, 메스꺼움, 위장장애, 발기부전, 어지럼증
- 약물 상호작용: 전립선 비대증 치료제(피나스트라이드, 탐수로신 등)의 효과가 저하되며, 항혈소판제, 항응고제, 소염제와 같이 복용 시 주의해야 한다.
- 추가설명: 임상시험 결과 플라세보 효과와 크게 다르지 않았다.

세인트존스워트 St John's Wort

- 용도: 우울증, 불안장애 개선

- 부작용: 햇빛알레르기, 위장장애, 구강건조증, 가려움증, 피로감, 불면증, 어지럼증, 두통 개선
- 약물 상호작용: 전립선 치료제와 함께 복용 시 피나스트라이드 혈중 농도를 떨어뜨려 효과가 더디다.
- 추가설명: 선스크린 사용이 필요하며, 수술 5일 전부터는 복용을 중단해야 한다.

발레리안 valerian

- 용도: 불안장애, 불면증 개선
- 부작용: 어지럼증, 졸림, 신경안정제 금단 증상, 두통, 복통
- 약물 상호작용: 신경안정제, 항정신과약물과 함께 복용 시 주의가 필요하다.
- 추가설명: 수술 몇 주 전부터는 복용 양을 천천히 줄여가야 한다.

비결 3 요약

1. 자신이 복용 중인 약이 무엇인지 알고 있어야 의료진과 정확히 소통하여 불상사를 예방할 수 있다.

2. 복용 중인 약의 리스트를 정리할 때는 약품명, 분량 및 단위, 복용 경로, 복용 빈도수의 순서로 기입한다.

3. 주기적으로 주치의와 함께 현재 복용 중인 약의 리스트를 살피며 정리하는 습관을 들여라.

4. 약은 여러 곳에서 처방받지 말고, 가급적 한 명의 의료진에게 처방받는 것이 안전하다.

5. 영양보조제가 무조건 안전하다고 생각하면 안 된다. 영양보조제의 부작용도 확실히 숙지해 두자.

비결 4

내 두뇌
사용법을 안다

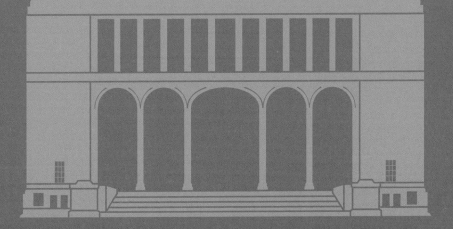

스탠퍼드 대학병원에는 그야말로 세상에서 둘째가라면 서러워할 똑똑한 인재들이 모여 있다. 스탠퍼드 시니어 클리닉에 근무하던 시절, 나는 시니어들의 입원 절차를 원활하게 하기 위한 프로젝트를 도맡아 진행하면서 병원 최고경영진과 자주 만났고, 또 대학병원 내 여러 행정위원회 모임에 참석할 기회가 많았는데, 그들이 어떤 이야기를 나누고 토론하는지 지켜보면서 이를 여실히 느꼈다.

　하루는, 국가의 엄중한 사안을 맡아 분석하는 싱크탱크think tank 기관인 후버 연구소Hoover Institute에서 일했던 교수님이 찾아오셨다. 그는 자신의 인지력을 평가받고 싶어했다. 그의 이력이 굉장했기에 나의 지식이나 대화기술로 상대하기 부족하지 않을까 살짝 긴장했지만, 그는 여느 스탠퍼드 대학병원의 교수님들처럼 인간적이고 따뜻한 분이었다.

이러한 경험 덕분에, 나는 지능적으로도 상위권에 속하는 이들의 공통점을 몇 가지 발견할 수 있었다. 이들 대부분은 본인만의 가치관을 확실히 정립한 이들이었다. 다만 누군가와 생각이 다르더라도 자신의 주장을 관철시키기 전에 상대의 생각을 존중해 주고 경청했다. 물론 애초에 비상한 지능을 갖춘 천재로 태어난 사람도 있었다. 하지만 이러한 몇몇을 제외한 나머지는 평소 자신의 생각을 정연하게 정리하고 말을 조리 있게 하는, 그야말로 '자신의 두뇌 사용법을 잘 알고 익힌' 사람이었다.

어떻게 이들은 이처럼 자신의 뇌를 잘 사용하게 된 걸까? 나 역시 의과대학에 진학하기 전까지는 일반 대학생들과 다를 게 없었다. 그들처럼 생각하고, 그들처럼 주장을 펼쳤다. 하지만 스탠퍼드 전문의 과정 중 만난 인턴, 레지던트, 펠로, 교수님, 환자들과 대화하고 교제하면서 많이 변했다. 이런 경험을 토대로 내 생각을 갈고 닦은 한편, 나의 주장을 더욱 정결하게 정리해서 조리 있게 펼치는 방법을 어느 정도 터득하게 된 것이다. 물론, 지금도 한없이 부족하고 더 배워야 할 것이 많은 것도 사실이다. 하지만 내가 터득한 방법이 노년기를 앞두고 있는 장년과 노년기의 어르신들께 조금이라도 도움이 되리라 생각한다.

이번 장은, 노년기 두뇌 건강을 위해 무엇을 해야 하는지를 '치매 예방 관점'에서 풀어가고자 한다. 실제로 치매 전 단계(경도인지장애)나 치매 진단을 받은 많은 환자가 많이 묻는 질문이 이것이다.

"치매 약을 먹는 것 외에 할 수 있는 건 없나요?"

이런 질문에 내가 답할 수 있는 건 2가지뿐이다. 실제 임상시험을 통해 그 효과가 입증된 방법[1]으로, 첫째는 땀이 날 정도의 강도 있는 신체 운동을 하는 것이고, 둘째는 두뇌 운동이다. 신체와 관련된 운동은 1장에서 비교적 자세히 다뤘으니, 이번 장에서는 효과적인 두뇌 운동에 관해 이야기해 보자.

노인의 뇌에만 있는 장점

많은 사람이 노년기를 쇠퇴의 시기라고 생각한다. 하지만 놀라운 반전이 하나 있다. 노화가 뇌의 기능을 발전시킨다는 것이다. 물론 인간의 뇌는 나이가 들수록 플라크가 축적되고, 도파민과 아세틸콜린acetylcholine 같은 신경전달물질이 부족해진다. 이로 인해 많은 이가 인지력 저하를 경험하게 된다. 하지만 노화의 긍정적인 측면이 분명히 있는데, 이를 이해하는 것이 대단히 중요하다. 노화가 뇌에 미치는 부정적인 면만 알면 그만큼 위축될 수 있지만 긍정적인 면,

즉 장점을 알게 되면 두뇌 사용에 더욱 자신감을 가질 수 있기 때문이다.

노화가 인간의 뇌에 미치는 장점 중 첫 번째는, 용서와 관용, 이해와 연민을 더욱 잘 느끼게 되어 감정적으로 성숙해진다는 것이다. 인간의 뇌 가장 깊숙한 곳에 자리 잡고 있는 편도체amygdala는 공포와 분노, 슬픔, 절망 같은 감정적 반응을 관리한다. 하지만 노화로 편도체가 비활성화되면 공포를 덜 느끼게 되면서 감정이 한층 균형 잡히게 된다. 그러니 청소년에서 성인으로, 다시 장년으로 그리고 노년으로 나이가 들수록 넓은 아량을 갖춘 사람으로 성숙해지는 것이다. 이것이 바로, 스탠퍼드 대학교 심리학과 로라 카스텐슨Laura Carstensen 교수가 이야기한, '사회 정서적 선택성 이론socioemotional selectivity theory'이다.

두 번째 장점은 오랜 세월을 거치며 쌓인 경험으로 인한 지능 발달과 그러한 지식을 적용하는 능력이 뛰어나게 된다는 것이다. 심리학적 용어로 말하자면, '실용적 지능practical intelligence과 지각적 완성perceptual completion'이라는 지능 범주에 해당한다. 50세 이상의 성인이 이 두 분야에서 다른 연령대보다 뛰어나다는 사실은 여러 연구 결과가 뒷받침하고 있다. 실용적 지능이란 무엇일까? 예를 들어, 만약 자연재해로 어려운 상황에서 처했을 경우 나이가 많은 사람일수록 살아온 경험을 토대로 발달한 실용적 지능을 발휘해 생존할 가능성이 크다. 지각적 완성 역시 생존에 필요한 기술인데, 이 역시 나이가 들수록 강화된다. 지각적 완성이란 예를 들어, 운전 중 '의험'이라고 적힌 표지판을 봐도, 이것이 '사실은 위험인데 글씨가 손상되어 저렇게 된 거군' 하면서 직관적으로 이해할 수 있는 능력을 말한다. 주전자 앞에 다른 사물이 있어 대부분이 가려졌더라도, 일부분만 보고도 주전자임을 알아채는 것도 바로 지각적 완성이다. 이처럼 인간의 두뇌는 실생활에도 반복적으로 지각적 완성을 사용하는데, 이것이 나이가 많을수록, 경험이 풍부할수록 더 뛰어나다는 것이다.

노화된 두뇌의 장점들을 받아들이고 이를 활용할 때 상식을 깨는 일들이 일어난다. 미국 스미소니언 미술관과 뉴욕 메트로폴리탄 미술관에 작품을 전시 중인 메리 로버트슨Mary Robertson을 보라. 그녀는 지금 전 세계적으로 인정받는 화가가 되었지만, 75세가 될 때까지 제대로 된 그림을 그려본 적도 없었다. 할랜드 샌더스Harland Sanders는 또 어떤가? 그는 여러 회사에서 수차례 해고통지를 받았지만, 62세에 KFC를 설립했다. 14년 후 그는 3천만 달러에 달하는 가격에 회사를 매각했다.

그러니 더는 나이 탓을 할 것도 없다. 2장에서 언급했듯 나의 마음을 잘 다스리고 사용하여 지경을 넓혀간다면 노년기에도 이룰 수 있는 것들이 대단히 많다. 그럼 어떻게 이들을 구체적으로 실현화할 수 있는지 알아보자.

무엇을 대신 어떻게

　지금까지 치매 예방을 위한 수많은 연구가 이뤄졌다. 특히 많은 의사가 궁금해했던 것 중 하나는 두뇌를 많이 사용하는 것이 치매 예방에 도움이 되는지였다. 하지만 피실험자들에게 두뇌를 많이 사용해야 하는 게임을 가르쳤을 때, 실제 치매가 진행된 후 그 게임만 잘하게 될 뿐 예방 효과는 별로 없는 것이 드러났다. 전 세계 의료진들이 대체 무엇이 잘못된 것인지 의아해하고 있을 무렵, 2015년 핀란드에서 한 연구가 진행됐다.

　핀란드에서 1,260명의 시니어를 대상으로 무작위 대조군 임상시험을 했다. 연구는 두 그룹으로 나뉘어 이뤄졌는데, 그중 한 그룹은 2년 동안 식단을 관리받고 운동을 하게 했으며, 심혈관질환과 대사증후군이 발생할 때 적절한 치료를 받았다. 특히 뇌를 활성화할 수 있는 운동을 하게 했는데 여기서 말하는 두뇌 활동이란 그저 한두 가지 기술을 익히고 정보를 취득하는 것이 아닌, 다방면에서 이뤄

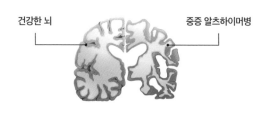

건강한 뇌　　　　　중증 알츠하이머병

뇌 모습 비교

주요 결과 요약

인지기능평가 점수

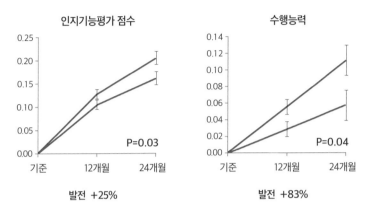

P=0.03

기준　　　12개월　　　24개월

발전 +25%

수행능력

P=0.04

기준　　　12개월　　　24개월

발전 +83%

처리 속도

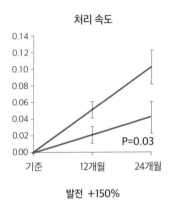

P=0.03

기준　　　12개월　　　24개월

발전 +150%

기억력
(복잡한 내용)

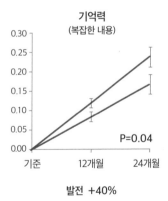

P=0.04

기준　　　12개월　　　24개월

발전 +40%

24개월간 지속된 연구를 통해 참가자들의 인지기능평가 점수, 수행능력, 처리 속도, 기억력이 향상되었다는 것을 알 수 있다.

지는 배움이었다. 그 결과, 많은 것을 배우며 두뇌를 활성화시킨 시니어들이 치매에 걸릴 확률이 낮았다. 또 고학력자일수록 치매에 걸리더라도 저학력 시니어보다 증상이 늦게 나타났다. 기존의 어느 두뇌 활동과 관련 연구도 입증하지 못한 효과를 유일하게 입증한 이 '핑거 스터디 FINGER study, Finnish Geriatric Intervention Study to Prevent Cognitive Impairment and Disability(핀란드에서 진행되어 이렇게 이름 붙었다)'[2]는 이후에도 다른 여러 나라에서 반복적으로 입증되었고, 최근에는 '월드와이드-핑거 스터디 WorldWide-FINGER Study'[3]라는 전 세계적 연구가 진행되고 있다.

결국 '배우는 것'이 치매 예방에 도움이 된다는 말이다. 그럼 어떻게 배워야 할까? 배움이란 내가 모르는 것을 알게 되는 것이다. 그래서 '질문의 기술'이 매우 중요하다고 하겠다.

질문의 기술

당신은 궁금한 것이 있을 때 어떻게 질문하는가? 다음과 같은 질문은 어떤가?

"영희 엄마, 이 영양제가 최신상이라는데 그렇게 관절에 좋대~."
"정말? 그럼 나도 한번 먹어볼까. 어디서 사?"

미국 상위 1% 부자들의 7가지 건강 습관

사실 우리나라 사람들은 이런 식의 대화가 익숙할 것이다. 그런데 첫 번째 문장을 주의 깊게 살펴보면 주어가 빠졌다는 걸 알 수 있다. 신기하게도 한국어는 주어가 없어도 문장이 만들어진다. 화자는 최신상 영양제가 좋다는 말을 '누가' 했는지 밝히지 않았다. 만약 같은 이야기를 영어로 했다면, 미국인들은 "누가 좋다고 했는데?", "당신이 복용해 봤어?" 같은 추가적인 질문을 할 것이다. 이것이 미국식 마인드이다. 하지만 한국인들은 이와 같은 대화에서 큰 문제를 발견하지 못한다. 무엇이 잘못되었는지도 모르고 그저 내가 이해한 수준에서 질문을 하거나 대답을 내놓는다.

고대 철학자 소크라테스가 죽은 지 수천 년이 지났음에도, 여전히 그는 가장 현명한 사람 중 하나로 지목된다. 그는 이렇게 말했다. "내가 유일하게 아는 것 한 가지는 내가 아무것도 모른다는 것이다." 이것이야말로 그가 배움과 질문을 계속 이어갈 수 있었던 원동력이기도 했다.

배우고 싶다면, 질문을 잘해야 한다. 책을 읽을 때도 수동적으로 읽고 끝내는 게 아니라, 능동적으로 질문을 던지며 읽어야 한다. 질문을 통해 얻은 답변은 더욱 오래 기억된다. 이제 일상생활에서도 이러한 방식을 적용하라. 상대방의 이야기를 귀 기울여 들은 뒤, 내가 이해하지 못한 부분이 무엇인지 파악하고, 적절한 질문을 던지는 것이다.

만약 당신이 미국에서 유명 레스토랑에 방문했다고 하자, 테이블에 앉은 얼마 뒤 웨이터가 와서 "주문하시겠어요?"라고 묻는다면 무엇이라고 대답하겠는가? 대부분의 한국인은 잠시 시간을 더 달라고 한 뒤 스마트폰에서 이 레스토랑에서 많이 팔린 음식들이 무엇인지 검색한 뒤 메뉴를 결정할 것이다. 그런데 질문하는 데 익숙한 사람은 다르다. 웨이터의 같은 질문에 바로, "이 레스토랑에서 가장 인기 많은 메뉴는 무엇인가요?" 혹은 "추천해 주실 만한 메뉴가 있을까요?" 하며 되묻는다. 그렇게 하면 웨이터는 몇 가지 메뉴를 소개할 것이고, 그때는 그중에서 자신이 먹고 싶은 음식에 맞춰 추가 질문을 하면서 몇 번의 질문과 대답을 통해 최종 메뉴를 선택할 것이다.

질문은 테니스 게임과 같다. 내가 공을 한 번 치면 상대방이 다시 받아치기를 반복하는 것이다. 이렇게 반복적으로 질문과 대답이 오가는 가운데 지식이 생기고, 감정이 공유되며, 경험이 쌓여 생각이 정리된다. 이렇게 감정과 경험이 혼합된 지식이야말로 진정한 배움이라고 할 수 있다.

질문의 기술을 갖춘 사람은 스마트폰 속 세상이 아닌 현실 속에서 살아간다. 지금 이 시대엔 어른과 아이는 물론, 시니어들도 스마트폰에 중독되어 있다. 물론 이를 통해 다양하고 유용한 정보를 얻을 수 있는 것도 사실이다. 하지만 영상들은 그 특성상 질문을 던지기 어려운 구조다. 아무 생각 없이 시간 가는 줄도 모르고 그저 보게만 만든다. 우리는 제작자가 연출해 놓은 세상과 정보를 그대로 받아들일 수밖에 없다.

미국 상위 1% 부자들의 7가지 건강 습관

어떻게 하면 질문을 잘할 수 있을까? 엄청난 비결이 있는 건 아니다. 일단은 질문 횟수를 늘려가라. 반복해서 질문하다 보면 질문 실력도 는다. 처음엔 바보 같은 질문을 할 수도 있다. 하지만 상대가 대답해 준다면 다시 생각해서 질문하고 상대방의 답변을 귀 기울여 듣고선 또다시 질문하면 된다. 질문을 통해 배우는 즐거움에 빠지는 것, 이것이 치매 예방의 첫걸음이다.

들으며 정리하는 기술

질문과 답변이 반복해서 오가다 보면 그것이 '대화'가 된다. 누군가와 대화하는 것만으로 진정한 배움을 얻을 수 있을까? 대화를 통해 배움을 얻는 방법엔 2가지가 있다. 첫 번째는 질문하며 배우는 것이다. 궁금한 것을 질문해 상대에게서 얻은 답변은 실제로 경험이 되어 기억에 오래 남는다. 그러니 상대방의 이야기를 집중해서 들은 뒤 이해하지 못한 부분을 찾아내 다시 질문하는 것이야말로 배움을 얻는 가장 쉬운 방법이다.

두 번째는 들으면서 정리하는 방법이다. 의사들은 하루에도 정말 수많은 환자를 진료하지만, 환자와 헤어진 몇 시간 뒤에 차트를 정리하라고 해도 술술 적어내려갈 수 있다. 그 이유는 환자의 이야기를 들을 때도 정리하면서 듣기 때문이다. 각종 만성질환을 겪고 있는 70세 환자와 오랜 시간 많은 이야기를 나눴다고 해보자. 숙련된 의사라면 진료가 끝난 뒤 환자에 관해 다음처럼 정리할 것이다.

'70세 여성. 당뇨, 고혈압, 골다공증 기저질환을 가지고 있음. 오른쪽 무릎이 아파서 방문. 통증을 느낀 지 3일째. 크게 다친 적은 없었고 오래 걸었음. 예전에도 비슷한 통증을 느낀 적이 있다고 함. 검사 결과, 무릎이 부어 있었지만 뜨겁지 않았고 붉게 보이지도 않았음.'

사실 환자들은 자신이 느끼는 통증을 호소할 때 아픈 정도에 따라 목소리 크기에 강약을 두어 강조하곤 한다. 또 이 외에 추가적으로 아픈 부분이 있으면 어떻게 아프고 얼마나 아픈지 그냥 중구난방으로 나열한다. 하지만 이런 이야기들을 들을 때도 특정 방식으로 듣고 정리하면 오래 기억할 수 있다.

책을 읽을 때도 마찬가지다. 그저 앞에서부터 끝까지 무작정 읽을 게 아니라, 중간에 쉬어가면서 나만의 어휘와 문장으로 정리하고 넘어가면 내용이 오래 기억에 남는다. 쉽게 말해, 문단마다 한 문장으로 요약하는 습관을 들이는 것이다. 처음에는 정리하는 게 어려워서 마구잡이로 이야기를 적게 될 수도 있다. 하지만 이를 반복하다 보면, 자신만의 방법으로 내용을 정리하고 이를 떠올릴 수 있게 된다.

의사에게는 환자 진료가 습득한 의학적 지식을 나만의 스타일로 출력하는 훈련이 된다. 의사들의 공부법도 대단히 특별할 건 없다. 이 같이 배우는 방법을 '파인만 테크닉feynman technique'이라고 한다. "간단히 설명할 수 없다면 제대로 이해하지 못한 것이다"라는 명언을 남긴 노벨 물리학상 수상자인 리처드 파인만Richard Feynman의 테크닉에는 4가지 방법이 있다.

파인만 테크닉

1. 배우고자 하는 것을 명확하게 구분한다: 배우고 싶은 대상의 정확한 개념을 먼저 명확히 하고 결정한다.
2. 여태까지 내가 이해한 것을 확인한다: 열두 살짜리 아이에게 설명한다 가정하고, 종이에 단순한 언어로 그 주제에 관해 아는 만큼 적어본다.
3. 새로운 지식을 찾는다: 그 주제를 잘 설명할 수 없다면, 내가 모르는 부분에 대한 지식을 찾아본다.
4. 새롭게 얻은 지식을 정리하고 출력해 검증한다: 이미 알고 있었던 것과 새롭게 얻은 지식을 구분하고, 정리하여 다시 한번 출력해 내가 새롭게 배운 것을 확인한다.

파인만 테크닉 외에도 배움에 도움이 되는 다양한 방법이 있겠지만 개요는 거의 동일하다. 이런 방식으로 하나둘씩 배워간다면, 아무리 나이가 들어도 요리하는 방법, 식물 키우는 방법, 새로운 운동

법을 배울 수 있다. 배움을 통해 우리 뇌의 신경세포 연결이 활성화되어 두뇌 활동을 이어간다면 치매를 실질적으로 예방할 수 있다.

치매의 시작, 배울 수 없어질 때

파인만 테크닉을 활용해 무언가를 배우려고 노력해도 그럴 수 없게 되는 경우가 있다. 일터에서 수차례 똑같은 실수를 반복했다면, 대화를 여러 번 나눴는데도 다시 내용을 확인하고자 되묻고 있다면, 새로운 정보 습득이 어려워지는 치매 초기라고 볼 수 있다. 사실 치매 초기 단계에선 환자와 가족 모두 큰 차이를 느끼지 못하기에, 치매가 중경증 정도까지 진행된 뒤에야 병원을 찾는 경우가 대다수다. 어떨 때는 앞선 예와 같은 실수를 하더라도 또 어떨 때는 언제 그랬냐는 듯 많은 것들을 기억하고 떠올리기도 하기에 알아채기 힘든 것이다.

노년내과는 치매 중기와 말기의 시니어를 전문으로 돌본다. 외출했다가 길을 잃어버려 돌아오지 못하거나 다른 사람이 자신의 돈을 훔쳐 갔다고 의심하고, 심하면 벽에 자신의 대변을 바르기도 하는 치매 중기와 말기 환자들을 만나 진료할 때마다, 안타까운 마음을 감출 길이 없다. 치매 초기에, 또는 치매 전 단계(경도 인지장애)일 때 이런 인지력 문제를 발견하고 치료하고 준비했더라면 얼마나 좋았을까 싶어서다. 그런 안타까운 마음으로 이 장을 쓴다.

치매의 원인 중 가장 큰 2가지는 '마음의 병'과 '인지장애'다. 일단 본인의 마음이 편해야 정보를 습득할 수 있다. 마음이 우울하거나 불안한 상태가 지속된다면 새로운 정보를 습득할 여유가 생기지 않는다. 마음을 다루는 방법은 2장에서 다뤘으니 이번 장에서는 두뇌 활동과 관련된 인지장애에 관해 자세히 알아보자.

병적인지 아닌지 구분할 것

앞에서 나는 후버 연구소에서 일하던 싱크탱크 교수님이 어느 날 병원을 찾아왔다고 이야기했다. 그는 본인의 기억력이 감퇴된 것 같다며, 구체적으로는 예전에 비해 수학 계산 속도가 느려지고 실수가 잦아졌다고 했다. 이에 인지력 검사를 했는데, 결과가 어땠을까? 다행히 정상이었다.

치매 증상은 참 미미하게 시작되고 매우 천천히 진행된다. 이 정도는 괜찮겠지 하며 제대로 검사받지 않고 시간을 흘려보내다 이상을 느껴 병원에 찾아왔을 땐 이미 늦은 경우일 때가 많다. 기억력이 떨어지는 정도뿐 아니라, 일터에서나 집에서 일할 때 큰 실수가 잦아지는 것도 치매 증상일 수 있다. 사람이나 사물의 이름 혹은 특정 단어가 잘 떠오르지 않는 것도 치매 증상 중 하나다.

일반인들은 치매 초기 증상과 정상적인 노화 과정을 좀처럼 구분하지 못한다. 확실한 것은 치매 검사를 받는 것이다. 전문의들이 환자의 상황을 듣고, 인지력 검사를 통해 어떤 인지력 분야에 어려움을 느끼는지 살펴봐야 한다.

인간의 뇌는 나이가 들면서 크기가 전반적으로 작아지고, 기능도 떨어지게 마련이다. 정상적인 뇌의 노화 과정을 예로 들어보자. 어떤 환자가 새로 알게 된 사람들의 이름을 계속 잊는다고 하자. 하지만 잊을 때마다 반복적으로 알려주면 시간이 다소 걸리더라도 언젠가는 기억을 해낸다. 배우는 데 시간이 걸리고 여러 번 반복적인 교육이 필요하지만, 결국엔 기억해 낼 수 있다면 치매가 아니다. 반면 치매 환자는 아무리 여러 번 알려주고 가르쳐줘도 끝까지 이를 기억해 내지 못한다. 또한 시니어들은 젊은이들에 비해 일 처리 속도가 늦을 수 있다. 그러다 매달 내야 하는 관리비를 깜빡하고 한두 번 정도 내지 않는 일도 생긴다. 하지만 치매 초기에 접어든 환자는 관리비를 내야 한다는 사실을 거의 잊어버린다. 그러니 여러 면에서 일을 처리하지 못하게 된다.

여기서 잠깐!

치매와 건망증

젊었을 때는 무언가를 깜빡 잊어버렸을 때 그저 건망증인가 하며 웃어 넘겼을 수도 있다. 하지만 어느 정도 나이가 들어가면 슬슬 치매가 걱정되기 시작할 것이다. 치매와 건망증은 어떻게 다를까? 쉽게 말해, 건망증은 무언가를 언뜻 떠올리지 못해도 단서가 주어지면 바로 기억해 내는 반면, 치매는 단서가 주어져도 가리키는 단어나 사건을 결국 기억해 내지 못하는 것이다.

나타나는 원인에서도 차이가 있다. 건망증은 뇌 속의 '작업기억'이 과부화될 때 발생한다. '작업기억'이란 6~8가지의 정보를 가지고 있는 기억력 박스라고 보면 된다. 예를 들어, 커피를 마시려고 주방으로 가는 길에, 휴대폰이 울려 친구와 통화를 했다. 친구와 통화하면서 몇 시에, 어디서 만날 것인지를 정하고, 만날 때 챙겨가야 할 것과 또 다른 친구 한 명까지 데리고 나오길 부탁받았다고 하자. 이런 다양한 정보가 우리 뇌의 작업기억 박스에 들어가면 뒤죽박죽 섞여 결국, 처음에 커피를 마시려고 했던 기억은 희미해지는 것이다.

건망증도 노화 때문일까? 사실 작업기억 박스의 크기는 사람에 따라, 연령에 따라 다르다. 보통 젊고 건강한 사람은 대략 6~8개 정도의 정보를 외울 수 있는 사이즈다. 하지만 나이가 들수록 박스 사이즈가 점점 줄어든다. 그래서 시니어들은 작업기억 박스가 작아져서 한 번에 여러 정보를 담아두고 기억하는 게 어려워져 건망증이 생길 수 있다. 특히 노화가 아니더라도 수면이 부족하거나, 스트레스가 많거나, 우울증이나 불안장애 같은 질환이 있을 경우 작업기억 박스의 크기가 줄어들 수 있다. 스마트폰 중독 역시 이런 증상을 심화시키는데, 온종일 스마트폰을 사용하면 뇌가 충분히 휴식하지 못해 기억력이나 집중력이 저하될 수 있다.

치매 검사에 관한 기초 지식

치매 검사에는 평균 10~15분 정도가 소요되는데, 뇌의 인지 영역과 관련된 검사로 이뤄진다. 환자는 마주 앉아 있는 의사로부터 여러 가지 선별 검사를 받게 되는데 이때 환자에게서 드러나는 미세한 증상 하나하나까지 의사가 꼼꼼히 살핀다. 학생이 다양한 과목의 시험을 치러봐야 어느 부분이 부족한지 확인할 수 있듯, 치매 검사를 해야 환자의 어느 영역에 인지 능력이 부족한지 알 수 있다. 통상적으로 치매가 의심되면 정밀 검사를 시행하는데 이때 혈액검사와 뇌영상 촬영MRI을 통해 완치 가능한 치매 원인들이 있는지 살핀다.

사실 치매 검사도 난도에 차이가 있다. 치매 증상이 미미한 환자에게는 다소 풀기 어려운 검사를 진행하지만, 반면 기억력이 많이

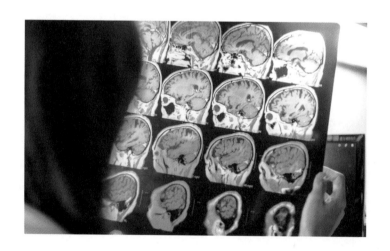

떨어져 가족들조차 중경증 치매로 동의할 만한 환자에게는 다소 풀기 쉬운 검사를 시행해 점수를 매기고 어떤 영역에 저하가 있는지 확인한다.

치매 검사 시 어떤 영역들을 살피게 될까? 인간의 인지 능력은 크게 5가지로 나뉜다. 기억력, 문제해결능력, 언어능력, 시간-공간 인지력, 집중력이다. 이 중 기억력과 문제해결능력의 저하는 초기 알츠하이머 치매에 가장 먼저 드러나는 증상이다. 기억력 저하가 시작되면, 과거의 일은 쉽게 기억해도 새로운 정보를 기억하는 건 힘들어진다. 방금 무슨 말을 했는지 기억나지 않아 같은 말을 반복하거나 들고 있던 물건을 어디에 두었는지 기억하지 못하는 증상이 있으면 초기 치매를 의심해 봐야 한다. 문제해결능력의 저하는 일상생활에서 매일 하던 일이 어려워지거나 자주 실수하면서 시작된다. 계획을 세우고 실행에 옮기는 것이 어려워지고 숫자 계산도 잘 안 된다. 나머지 언어능력, 시간-공간 인지력, 집중력 저하는 보편적으로 치매가 심해지면서 나타난다.

치매 검사에 관해 더욱 상세하게 알려주고 싶지만, 그럴 수 없다. 치매 검사의 답을 알아버리면 진단 효과가 떨어지기 때문이다. 간혹 치매 전 단계라 어느 정도 인지력이 있는 환자가 검사 정답을 너무 낱낱이 외고 있어 치매 진단이 어려울 때도 있다.

사실 중요한 것이 하나 더 있는데, 치매 검사를 받기 전에 노년기 우울증 검사를 반드시 먼저 받아야 한다는 것이다. 마음이 우울하면 집중이 잘 안 되고 새로운 것을 배우기도 어렵다. 우울감이 심하면 옛 기억을 떠올리기 어려워서 기억력이 저하된 것처럼 보일 수도 있다. 노년기 우울증에 동반되는 인지기능 저하가 심할 경우 치매와 유사한 형태로 나타나기 때문이다. 이를 '우울성 가성 치매'라고 하는데, 치매에 비해 비교적 급성으로 발생하고, 유병 기간이 짧으며, 본인 스스로가 기억력이 떨어졌음을 느낀다. 우울한 마음이 두뇌의 문까지 닫아버려 정보가 들어오지도 나가지도 못하게 만드는 셈이다. 우울증으로 두뇌가 단단히 닫힌 상태로 몇 달, 몇 년을 살게 되면 당연히 뇌 활동이 적어지고, 주변 사람들과의 교제도 막혀 우리 뇌가 활동할 수 있는 영역마저 좁아진다. 자칫 우울증보다 무서운 치매가 발병할 가능성이 커지는 것이다.

치매 검사는 빨리 받을수록 좋다

어르신들은 치매 검사를 받는 걸 무서워한다. 물론 무서운 게 어디 치매뿐이겠는가? 어떤 증상이 있어 병원에 가서 검사를 받는 건 두려운 일일 수 있다. 그럼에도 불구하고 치매가 의심된다면 하루라도 빨리 검사를 받아보라. 치매가 꽤 진행되고 난 뒤에야 병원에 찾아오신 환자를 만날 때마다 안타까움을 금할 수 없다. 치매는 약물치료뿐 아니라, 식생활을 바꾸고 운동도 함께 병행해야 하므로 초기에 치료를 시작하는 것이 가장 효과적이다. 보호자들도 치매 환자를 돌보는 방법을 터득하고, 치료계획을 세워야 하기에 조기진단이 모두를 위한 최선인 셈이다.

치매가 의심될 때는 신경내과에 가야 할까, 노년내과에 가야 할까? 일반적으로는 신경내과에서 환자의 치매 여부를 진단하고, 치매 정도가 심해지면 노년내과로 환자를 보낸다. 노년내과에서는 치매 환자뿐 아니라, 이들을 보호하는 가족과 간병인의 신체 및 정신 건강도 함께 돌보기 때문이다. 또한 노년내과 전문의는 치매 합병증인 정신질환 관련 치료까지 겸하기에 약물치료도 적절히 병행할 수 있다.

치매 검사를 받기 전에는 병원에 연락해 무엇을 준비하면 되는지 물어보고, 환자의 최근 기억력 상실 사례와 두부 타박상 여부, 치매 관련 가족력, 최종 학력 및 직업(일의 복잡성 파악) 등의 정보를 정리해서 가는 게 좋다. 또한 환자가 최상의 컨디션으로 검사에 임할 수 있도록 검사 전날 밤에는 숙면을 취하게 하고 가급적 긴장을 완화시켜야 한다.

치매 예방을 위한 Q&A

뇌를 성장시키는 것으로 입증된 최고의 방법은, 'BDNF' 호르몬 분비를 촉진하는 것이다. 이 내용을 담아 제작한 영상을 유튜브에 올렸는데 조회 수 28만을 기록하며 화제가 됐다.

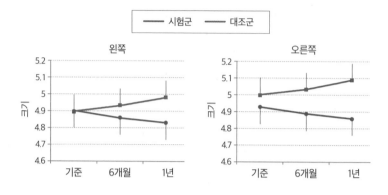

운동과 해마의 크기 변화

시험군 ― 대조군

왼쪽

오른쪽

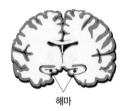

해마

내용인즉슨, 한 연구[4]에서 60세 이상의 시니어 120명을 상대로 강도 있는 운동을 코칭했더니 기억력을 담당하는 해마가 2년 만에 2% 넘게 자랐고, 인지력 검사 점수도 올랐다는 것이다. 그 원인을 찾던 연구원들은 뇌를 자라게 하는 호르몬인 BDNF의 영향이라는 것을 밝혀냈다. BDNF는 특정 방식으로 운동할 때, 즉 강도 있는 운동으로 맥박이 높게 치솟을 때 분비된다. 개인이 목표로 삼아야 할 맥박수는 다음처럼 계산하면 된다.

$$(220 - \text{나이}) \times 0.7$$

즉, 운동할 때 목표로 삼아야 할 맥박수는 220에서 본인 나이를 뺀 것의 70%라고 보면 된다. 예를 들어 60세 성인의 목표 맥박수는

(220-60)×0.7이므로 112다. 하지만 맥박수가 110대까지 오를 정도로 운동하는 건 초보자에게 다소 어려울 수 있으니 운동을 조금씩 늘려가며 체력을 쌓으면서 올리는 것이 안전하다. 다음은 치매 예방과 관련해 자주 듣게 되는 질문과 그에 대한 답변이다.

....

Q _ 치매에 좋지 않은 음식이 있나?

A _ 치매는 뇌에 혈액이 원활하게 공급되지 않을 때 발생하기 쉬우므로 동맥경화를 일으키는 요인들을 제거하는 게 좋다. 불포화 지방이 많은 튀김요리와 버터, 치즈 그리고 동물성 기름이 많은 소고기, 돼지고기, 양고기 등의 섭취는 일주일에 3회 이하로 줄이길 권장한다. 빵이나 설탕이 많이 들어간 아이스크림, 사탕, 과자, 쿠키, 케이크, 도넛 같은 음식도 가능하면 일주일에 3회 이하로 섭취를 줄이자.

....

Q _ 치매 예방에 좋은 음식은?

A _ 흰 쌀밥 대신, 여러 곡물과 콩이 들어 있는 잡곡밥이 좋다. 또 기름진 소고기나 돼지고기보다는 생선, 특히 오메가 3가 풍부한 기름진 생선 위주로 식사하는 게 좋다. 연어와 정어리, 고등어, 임연수 등이 이에 해당한다. 다만 매일 생선만 먹을 수는 없으니 기름기가 적은 닭고기나 칠면조도 괜찮다. 또 요리할

때는 가급적 올리브 오일을 사용하길 권장한다. 뜨거운 물에 채소를 데칠 경우 엽산이 파괴되므로 상추, 케일, 브로콜리 등의 녹색채소는 물에 깨끗이 헹궈서 생으로 혹은 샐러드처럼 섭취하는 게 좋다. 간식으로는 아몬드, 호두, 땅콩 같은 견과류가 좋고, 과일 중에서는 딸기, 라즈베리, 블루베리, 아사이베리 같은 베리 종류가 뇌 건강에 특히 좋다. 실제로 이들은 2015년 시카고 러시 대학병원이 발표한 연구자료[5]에서 밝힌 치매 예방에 좋은 음식들로, 제시한 음식 위주로 식사한 피실험자들의 치매 발병률이 현저히 떨어졌음이 입증되었다.

Q _ 치매 예방에 좋은 영양제는?

A _ 여러 연구 결과로 그 효과가 입증된 것은 오메가 3, 비타민 B12, 비타민 D 정도다. 인간의 뇌는 백질과 회백질로 나뉘는데, 백질의 하얀 색깔은 신경세포를 감싸고 보호하고 있는 미엘린myelin 때문이다. 하지만 노화로 인해 신경세포의 미엘린이 비활성화되고 상처를 입게 되면 두뇌 회전이 느려진다. 미엘린은 80%가 지방으로 만들어져 있는데 이때 오메가 3와 비타민 B12를 섭취하면 활성화에 도움이 된다. 비타민 D 또한 치매 예방에 도움이 되는데, 한 연구[6]에 따르면, 비타민 D 혈중 수치가 25nmol/L인 사람은 50nmo/L인 사람보다 치매 위험이 54% 높은 것으로 나타났다.

Q _ 치매 전 단계인 환자에게 치매 치료제가 효과 있을까?

A _ 시중에 판매 중인 치매 치료제로는 도네페질과 메만틴이 있다. 이 약들은 치매가 악화되는 속도를 늦추고 증상을 완화시키는 역할을 한다. 그런데 이 약을 치매 전 단계인 환자가 복용한다면 치매 예방에 도움이 될까? 기억력 감퇴를 호소하는 환자에게 이런 약을 처방해 주면 효과가 있을지는 환자들뿐 아니라 의료진도 궁금해했다. 2004년 브라운 대학교,[7] 2005년 메이오 클리닉Mayo Clinic [8], 2006년 코크란 리뷰[9], 2009년 UCLA에서 발표한 논문[10]을 토대로 답변하자면, 이들이 치매 예방이나 인지력 향상에 미치는 효과는 미미하며 통계학적으로 볼 때 의미 있는 차이는 없었다. 다만 감퇴된 인지력 중 기억력 저하가 심한 경도인지장애 환자라면, 부작용을 면밀히 검토한 후 치료에 활용할 수 있다.

치매 진단을 받았을 때

치매 진단은 환자 본인은 물론 보호자에게도 가슴 아픈 일이다. 사실 환자는 치매 진단을 받았을 때 이를 부정하거나 조만간 치매 진단을 받았다는 사실조차 잊어버릴 수 있다. 이럴 경우 환자에게 진단 현실을 제대로 알려주고자 애쓰는 것은 소용없는 일이며 자칫 좌절감만 줄 수 있다. 다만 치매 환자를 돌보는 보호자는 흔히 발생할 수 있는 우울증 예방을 위해서라도 상담을 받고 지지자 모임에 참석하는 등 외부적 도움을 받을 수 있는 길을 찾아야 한다.

이처럼 치매는 환자 본인뿐 아니라 온 가족이 힘들어질 수 있기에 나이가 들면서 생길 수 있는 질병 중 가장 두려운 것이기도 하다. 이렇다 할 치료제가 없다는 점도 절망적으로 받아들이게 한다. 하지만 "Cure(치료)가 있을 때까지 Care(돌봄)가 있다"라는 슬로건처럼 치매를 조기진단하고 초기-중기-말기에 나타나는 합병증을 잘 숙지하여 가족과 간병인을 잘 훈련시킨다면 치매도 얼마든지 잘 관리할 수 있다.

가장 먼저 해야 할 것은, 진단받은 치매가 얼마나 심각한지 그 중증도를 파악하는 것이다. 기억력 검사에서 나오는 점수뿐 아니라 간병인이 신경 써야 할 것은 치매 단계다. 치매 단계를 나타내는 여러 척도가 있지만 가장 보편화된 것은 '임상치매평가 척도Clinical Dementia Rating(이후 CDR)'[11]다. 각 항목을 평가하지만 종합해서 경도, 중증, 심각함으로 구분된다. 간병인은 큰 틀을 기억하되 그다음 단계로 치매가 진전되기 전에 무엇을 준비해야 하는지 의료진에게서 듣고 준비해야 한다.

치매는 단순 증상이고, 치매가 발병하는 원인은 알츠하이머병이나 혈관성 치매, 레비소체 치매, 파킨슨 치매, 전두엽 치매 등 굉장히 다양하다. 파킨슨 치매와 레비소체 치매 모두 몸이 굳는 파킨슨 증상이 동반되지만 증상이 나타나는 시기는 다르다. 치매의 원인을 알면 앞으로 어떤 어려움을 겪게 될지 미리 알고 준비할 수 있어서 좋지만, 사실상 치매와 관련해 현재까지 개발된 약들은 그 근본적인 원인을 치료하기보다 증상만 완화시킬 뿐이기에 치매 발병 원인을 찾고 분석하는 것이 대단히 의미 있는 것은 아니다.

그렇다면 치매약은 언제부터 복용해야 할까? 치매약 복용 시점은 앞서 언급한 CDR 단계와 인지평가검사 점수를 보고 결정해야 한다. CDR 단계가 1~3일 때 도네페질 또는 갈란타민이라는 치매약을 복용하기 시작한다. 무려 13개의 무작위 대조군 임상시험을 토대로 한 코크란 리뷰[12]에 따르면, 도네페질이 치매 초기단계 환자들의 인지력 향상 및 일상생활 기능 개선에 도움이 되는 것으로 검증되었다. CDR 2~3단계부터는 메만틴이란 치매 치료제 복용을 시작한다. 메만틴은 도네페질에 추가되었을때 치매 치료에 효과가 있었다는 논문[13]을 근거로 사용되고 있다. 단, 메만틴이 치매 초기 환자의 증상 완화에 도움이 된다는 근거는 밝혀지지 않았으므로, 치매 치료에 있어 우선되어야 하는 약은 도네페질이다.

치매는 치료에 비용이 많이 드는 질병이다. 앞으로 증상이 심화될수록 늘어나는 재정 부담을 줄이려면 미리 전략을 세우는 것이 현명하다. 가입한 보험 약관을 꼼꼼히 살펴 어떤 혜택을 받을 수 있는

임상치매평가 척도^{CDR}

	기억력 memory	지남력 orientation	판단 및 문제해결 judgement and problem solving
정상 (0)	기억장애가 전혀 없거나 경미한 건망증이 때때로 나타남.	정상.	일상생활의 문제를 잘 해결하고 사업이나 재정 문제도 잘 처리함. 과거에 비해 판단력은 아직 좋음.
매우 경도 (0.5)	가볍지만 지속적인 건망증. 사건의 부분적인 회상만 가능. "양성 건망증".	시간에 대한 경미한 장애가 있는 것 외에는 정상.	문제해결능력, 유사성, 상이성 해석에 대한 경미한 장애.
경도 (1)	중등도의 기억장애. 최근 일에 대한 기억장애가 더 심함. 일상생활에 지장이 있음.	시간에 대한 중등도의 장애가 있음. 사람과 장소에 대해서 검사상으로는 정상이나 생활에서 길 찾기에 장애가 있을 수 있음.	문제해결능력, 유사성, 상이성 해석에 대한 중등도의 장애. 사회생활에 대한 판단력은 대부분 유지됨.
중증 (2)	심한 기억장애. 과거에 반복적으로 많이 학습한 것만 기억함. 새로운 정보는 금방 잊어버림.	시간에 대한 지남력은 상실되어 있고, 장소에 대한 지남력 역시 자주 손상됨.	문제해결능력, 유사성, 상이성 해석에 심한 장애. 사회생활에서의 판단력이 대부분 손상됨.
심각함 (3)	심한 기억장애. 부분적이고 단편적인 사실만 보존됨.	사람에 대한 지남력만 유지.	판단이나 문제해결이 불가능함.

사회활동 community affairs	가정생활 및 취미 home and hobbies	위생 및 몸치장 personal care
직장생활, 물건 구입, 자원봉사, 사회적 활동 등에서 보통 수준의 독립적 기능이 가능함.	집안생활, 취미생활, 지적인 관심이 잘 유지됨.	정상.
이와 같은 활동과 관련해 장애가 의심되거나 약간의 장애가 있음.	집안생활, 취미생활, 지적인 관심이 다소 손상됨.	정상.
이와 같은 활동에 아직 참여하고 있고 언뜻 보기에는 정상 활동을 수행하는 것처럼 보이나 사실상 독립적인 수행이 불가능함.	집안생활에 있어 가볍지만 분명한 장애가 있고, 어려운 집안일은 포기 상태. 복잡한 취미(예를 들어 바둑)생활은 포기.	가끔 개인위생에 대한 권고가 필요함.
집 밖에서 독립적인 활동을 할 수 없으나 외견상으로는 집 밖에서도 기능을 잘할 수 있어 보임.	아주 간단한 집안일만 할 수 있고, 관심이나 흥미가 매우 제한됨.	옷 입기, 개인위생, 개인 소지품 유지에 도움이 필요함.
집 밖에서 독립적인 활동을 할 수 없고 외견상으로도 가정을 떠나 외부에서는 정상적인 기능을 할 수 없어 보임.	집안에서 의미 있는 기능을 수행할 수 없음.	개인위생과 몸치장 유지에 많은 도움이 필요하며, 자주 대소변의 실금이 있음.

지 살펴보고, 장기간 받을 수 있는 관리 서비스 혜택은 없는지도 알아보자. 또한 환자의 증상이 더 심각해지기 전에 법률 문제, 이를테면 법적인 유언서 작성, 재산 관리 위임권이나 건강 관리 위임권 등도 정리해 두는 것이 현명하다.

치매 초기 환자 대부분은 본인의 의지대로 의사를 결정할 수 있다. 여기서 말하는 의사결정이란 저녁 식사로 어떤 것을 할지 메뉴를 고르는 것 같은 간단한 것이 아닌 자신의 건강이나 재정 관리 같은 비교적 복잡하고 큰 결정을 뜻한다. 환자에게 이러한 의사결정 능력이 있는지는 의사가 판단해 줄 수 있다.

의사결정능력이 있다고 보는 판단 기준은 첫째, 환자가 결정을 내려야 하는 상황과 조건을 충분히 이해하고 정리해 표현할 수 있는가. 둘째, 결정에 따르는 결과의 득과 실을 이해하고 표현할 수 있는가. 셋째, 지금껏 살아온 환자의 가치관과 일치하는가. 넷째, 옵션을 비교한 후 결정을 내릴 수 있는가이다. 이 4가지를 확인하는 과정에서 환자가 의사의 말을 이해하지 못하거나 자신의 입으로 충분히 설명하기 어려워한다면 환자에게 의사결정능력이 없다고 판단한다. 환자의 의사결정능력은 대개 재정적인 문제와 연관되어 윤리적 문제가 발생할 수 있기에, 의료진뿐 아니라 윤리위원회의 협진이 필요하다.

비결 4 요약

1. 노화에 따른 뇌 기능 저하에 관한 부정적인 내용만 알면 그만 큼 위축될 수 있으나, 이에 따른 장점까지 제대로 알면 뇌 사용에 자신감을 가질 수 있다.

2. 우리 뇌를 매일 사용하여 활성화하기 위해서, 질문은 보다 정 밀하게 하고, 들으면서 정리하는 습관을 만들자.

3. 기억력 감퇴 외에 치매 전조증상 중 하나는 일처리가 늦어지는 것이다.

4. 치매 검사는 반드시 미리 받아서 예방에 힘써야 한다.

5. 강도 있는 운동을 규칙적으로 하는 것이 치매 예방에 가장 좋 은 방법이다.

비결 5

나만의 건강검진
스케줄을 안다

후버 파빌리온 4층에 위치한 스탠퍼드 시니어 클리닉에서는 의사가 환자와의 진료를 끝마칠 때마다 반드시 하는 것이 있다. 환자의 암 검사나 예방접종일 같은 건강검진일이 언제인지 확인하는 것이다. 놀랍게도 스탠퍼드 시니어 환자들 대부분은 자신의 내시경 또는 암 검사가 언제 있는지 정확하게 기억하고 있었다. 그들 모두 의사의 이야기를 귀 기울여 들으면서 자신이 예전 검사에서 어떤 결과가 나왔는데 앞으로 어떤 것을 주의해야 할지, 암 전 단계였다면 이제 어떤 절차를 따라야 할지 등을 의사에게 꼼꼼하게 물으며 확인하곤 했다.

미국 의료 시스템엔 주치의 개념이 뚜렷하다. 그래서 의사들은 환자에게 필요한 각종 검사를 주기적으로 체크하곤 한다. 반면 한국은 건강검진과 암 검진 프로그램에 따라 여러 검사를 하루에 마치곤 한다. 두 시스템에는 각각 장단점이 있다. 예를 들어, 미국 의료 시스템에서 아직 검사할 때가 되지 않았다고 통보받은 환자가 검사를 받지 않은 탓에 암을 발견하지 못했다고 해도, 한국에서는 특정 기간 실시하는 검사를 통해 조기에 암을 발견할 수 있으니, 이것은 한국 의료 시스템의 장점이라고 할 수 있다. 단, 불필요한 검사를 자주 하면 방사선에 과다 노출되고 비용이 많이 들 수 있다는 것이 단점이다. 이러한 장단점을 고려할 때 가장 현명한 것은 본인의 건강에 신경을 쓰면서 건강검진 스케줄을 스스로 챙기는 것이다.

왜 건강검진 스케줄을 알아야 할까?

나는 앞서 내 몸과 마음, 두뇌 사용법을 알고, 내 약을 제대로 복용할 줄 아는 것이 시니어의 건강 비결이라고 했다. 하지만 아무리 철저하게 이를 관리하면서 건강을 지켜도 암 같은 큰 질병이 갑자기 발견되면 속수무책이 된다. 많은 어르신이 몸에 이상을 느껴 검사를 받으면서도 제발 암만은 아니길 바라는 것도 이 때문이다. 다만, 암에 걸리더라도 초기에 발견해서 치료하면 생명에 지장이 없으니 지나치게 걱정할 건 없다.

나의 83세 여성 환자는 유방암을 초기에 발견해 치료받았다. 유방암은 60대에 가장 흔히 발생하고 80대에는 거의 나타나지 않기에 의사들도 75세 이상 환자에겐 예방 차원의 검사도 권하지 않는다. 그런데 어떻게 초기에 발견한 것일까? 평생 비흡연자였던 나의 68세 여성 환자 또한 폐암 1기일 때 바로 치료받았다. 사실상 비흡연자 여성은 폐암 검사 자격 조건 미달인데, 어떻게 이를 발견한 걸까? 73세에 위암 1기 진단을 받은 남성 환자도 장상피화생에서 위암으로 변형되자마자 바로 절제해 치료를 받았다. 놀랍게도 이들 모두 증상이 없었는데도 조기에 치료를 받을 수 있었다. 대체 어떻게? 건강검진 스케줄을 잘 따르고 운이 좋아서였을까?

아니다. 이들에겐 공통점이 있었다. 모두가 본인의 건강 상태를 정확히 파악하고 자신이 받는 검사들이 적절한지 의사에게 묻고 충분히 논의하며 챙겼다는 것이다. 이들은 어떤 기준으로 암 검사가 이뤄지는지 알고 있었고, 자신이 그 조건에 해당하는지도 꼼꼼히 체크했다.

물론 환자가 자신에게 어떤 검사가 필요한지, 시기에 따라 어떤 검사를 받아야 하는지를 모두 알거나 외우고 있을 순 없다. 다만, 그 모든 걸 그저 국가의 의료 시스템과 의료진에게만 맡기고 어떻게든 되겠지 하며 무관심해서는 안 된다는 말이다.

그렇다면, 우리가 건강검진에 대해 알고 있어야 할 건 무엇일까?

내가 어떤 암에 취약한지 알아야 한다

이 책을 읽고 있는 독자라면 이미 여러 종류의 암과 그와 관련해 어떤 검사들이 있는지 충분히 알고 있을 것이다. 사실 우리는 종종 주변에서 췌장암이나 뇌종양을 너무 늦게 발견하는 바람에 손쓸 겨를도 없이 몇 달 만에 사망한 사람들의 이야기를 듣는다. 그래서 혹여 자신에게 그런 질병이 있지 않을까 걱정하며 검사를 받는 사람이 많다. 하지만 이러한 암은 흔한 것이 아니다. 가급적이면 객관적인 통계 지표에 따라 발생 빈도가 높은 암이 무엇인지 알아보고, 이와 관련된 증상은 없는지 살피는 것이 보다 현명하다.

희귀 암보단 흔한 암부터

흔한 암이 무엇인지 알아보려면 조금 지루한 통계를 살펴봐야 한다. 2020년 기준, 세계보건기구의 통계에 따르면, 가장 흔한 암 1위는 유방암, 2위는 폐암, 3위는 대장암, 4위는 전립선암, 5위는 피부암, 6위는 위암이다. 이중 사망률이 높은 암으로는 1위 폐암, 2위 대장암, 3위 간암, 4위 위암, 5위 유방암 순서다.

2019년 기준 대한민국 성인 암 조기 발생률을 보면, 남성의 경우 1위 폐암, 2위 위암, 3위 대장암, 4위 전립선암, 5위 간암, 6위 갑상선암, 7위 신장암, 8위 췌장암, 9위 방광암, 10위 담낭 및 기타 담도암이고, 여성의 경우 1위 유방암, 2위 갑상선암, 3위 대장암, 4위 위암, 5위 폐암, 6위 간암, 7위 췌장암, 8위 담낭 및 기타 담도암, 9위 자궁체부암, 10위 자궁경부암이다.

이 모든 암과 발생률이 낮은 암까지 모두 발견할 수 있는 검사가 있을까? 없다. 암 검진의 조건은 3가지다. 첫째, 발생 빈도수가 높은 암을 발견하는 것을 목표로 하고, 둘째, 검사 시 환자에게 큰 해가 되지 않아야 하며, 셋째, 검사 비용이 터무니없이 비싸지 않아야 한다. 검사는 그야말로 증상이 있을 때 하는 것이다. 아픈 데도 없는 멀쩡한 사람을 잡아서 검사하는 것은 국가 입장에서도 손해다. 다만 빈도수가 높은 암을 조기에 발견하고 치료할 수 있다면, 말기에 비싼 항암치료를 할 필요가 없어서 비용 면에서도 이득이기에 국가는 정기적인 암 검진을 통해 조기 치료하는 것을 목표로 한다.

따라서 우리 역시 흔한 암 예방을 목표로 삼고, 어떤 암 검사가 실시되는지 대한민국 국민건강보험공단의 암 검진 스케줄을 살피며 알아볼 필요가 있다. 건강검진 안내문에 따르면, 암 검사는 다음 페이지에 담은 표에서처럼 시작하고 반복된다. 물론 프리미엄 건강검진 프로그램엔 추가 옵션이 많지만 일단 국민건강보험이 제공하는 기본적인 사항으로 시작해 보자.

유방암 검사를 예로 들어보자. 표의 내용만 보면 40세 이상일 경우 유방단순촬영검사를 2년마다 하면 되겠다는 생각이 들 것이다. 하지만 만약 본인의 어머니에게 유방암이 있었다면, 저 기준에 맞춰 똑같이 검사받으면 될까? 30세 이전에 첫 아이를 낳아 모유수유

암 종류	검사 주기
위암	만 40세 이상 남녀는 2년마다 내시경검사 시행
유방암	만 40세 이상 여성은 2년마다 유방단순촬영검사 시행
대장암	만 45세 이상 남녀는 분변잠혈반응검사(대변검사)를 받은 후 양성 결과 시 대장내시경검사 시행
자궁경부암	만 20세 이상 여성은 2년마다 자궁질도말세포병리검사 시행
간암	만 40세 이상 남녀 중 대상자는 간 초음파검사와 혈액검사 시행
폐암	고위험군(하루 1갑씩 30년 이상 흡연한 54~74세) 대상 2년마다 저선량흉부CT검사

자료원: 국민건강보험공단 2022년

를 했다면 유방암 발병 가능성이 낮아진다는데, 2년마다 꼭 검사해야 할까? 무슨 말인가? 모든 사람이 40세 이상 2년에 한 번씩이라는 기준에 해당하지는 않는다는 말이다.

취약한 부분은 사람마다 다르다

결국 개개인의 암 위험 요인들을 먼저 살피는 것이 답이다. 우선 특정 암의 가족력이 있다면, 그 사람이 암 진단을 받은 나이가 어떻게 되는지, 발견 당시 몇 기였는지, 또 암 진단을 받은 가족이 몇 명인지 알아야 한다. 유방암, 췌장암, 전립선암의 가족력이 있다면, 전혀 연관성이 없는 질병처럼 보여도 유방암유전자로 불리는 BRCA

미국 상위 1% 부자들의 7가지 건강 습관

변이 유전자를 갖고 있지 않은지도 검사해 봐야 하므로 최대한 많은 정보를 취득하는 것이 중요하다.

또한 암 검사는 직계 가족이 암에 걸린 나이보다 10년 전부터 시작하기를 권장한다. 예를 들어, 아버지가 42세에 대장암 진단을 받았다면, 본인은 32세부터 대장암 검사를 받아야 한다. 대장암 검사를 45세부터 시작하는 것을 국가나 의료기관에서 권장하더라도, 10년 일찍 시작해야 한다는 말이다.

특히 각 나이대에 발병하기 쉬운 암이 무엇인지 알아두는 것이 좋다. 이를테면, 여성의 경우 자궁경부암은 35~45세에, 유방암은 60대에 가장 흔하게 발생하므로 젊을 때 자궁경부암 검사를 받고, 노년기에는 유방암 검사를 받으며 관리해야 한다. 폐암의 3분의 2는 65세 이후에 진단되고, 평균 진단 나이는 71세다. 대장암은 50대에 가장 흔히 발생하지만, 발병 연령층이 점점 낮아지고 있어, 2021년부터는 대장내시경을 45세부터 하도록 권장하고 있다. 우리나라의 경우 위암 발병률이 높으므로 위암 또한 50대에 흔히 발병된다는 사실도 알아두자. 남성의 경우 고환암은 30대에, 전립선암은 65~69세에 가장 흔히 발병된다. 갑상선암은 여성의 경우 40~50대에, 남성의 경우 60~70대에 흔히 발병된다. 언급한 연령대를 일일이 외울 필요는 없다. 그저 암은 대체적으로 50세 이후에 흔히 발병하는데, 자궁경부암과 고환암은 젊었을 때도 생기기 쉽다는 정도로 알고 있으면 된다. 이처럼 언제 어떤 암이 발병되기 쉬운지 알아두면 그 시기를 지날 때 더욱 조심하게 되고 언제 검사하면 되는지 의사와 상담할 수 있다.

지금까지 언급한 가족력이나 나이는 내가 바꿀 수 없는 요인이다. 하지만 나의 노력만으로 암을 예방하는 데 도움이 되는 것들도 많다. 일단 암의 발병 원인 중 30%는 흡연, 과체중, 과도한 알코올 섭취, 부족한 채소와 과일 섭취, 운동 부족이다. 발암 물질이라고 하면, 가장 먼저 무엇이 떠오르는가? 술과 담배일 것이다. 담배는 무조건 해롭다고 볼 수 있는데 술은 조금 애매하다. 삶의 질을 위해 어느 정도 술을 즐기고 싶다면 의사와 상의해 볼 필요가 있겠다.

사실 운동 부족과 비만이 암 발병에 미치는 영향이 적지 않은데도 일반인들은 잘 모르는 것 같다. 과체중은 아니어도 운동을 전혀 하지 않는 마른 비만도 마찬가지다. 앞에서 언급했듯, 여러 연구를 통해 어느 정도 강도 있는 운동이 암을 예방하는 데 효과가 있다는 것이 밝혀졌다. 운동은 혈중 콜레스테롤 수치와 연관성이 깊은데, 콜레스테롤 수치가 높으면 위암과 대장암, 유방암, 전립선암 발병률이 올라간다. 따라서 의사와 논의하고 주기적으로 혈액검사를 받으며 관리해야 한다. 햇빛에 피부를 과도하게 노출하는 것도 피부암 발병 확률을 높이기에 피해야 한다. 특히 비타민 D는 암 예방에 효과가 크므로 반드시 섭취해야 하는데, 햇빛 노출보다 알약으로 경구복용하되 하루에 5,000유닛 이상 복용하는 게 좋다.

지금까지 언급한 위험 요인들이 자신에게 있다면, 의사와 상담하

여 건강검진을 일찍 시작하거나 검사 주기를 짧게 조정하는 것도
방법이다.

암 검진 스케줄을 그대로 따르지 말 것

정리하자면, 본인이 어떤 질병에 취약한지 이해하고, 주기적으로
건강검진을 받는 것이 중요하다. 그렇다면 국민건강보험공단이 제
공하는 건강검진 스케줄을 무조건 따르는 게 최선일까?

법은 누군가가 만든 것이다

건강검진 스케줄 또한 통계를 기반으로 누군가가 만든 것이다.
한 치의 오차도 허용하지 않을 정도로 철저히 지킬 필요는 없다. 암
검진을 통해 통계학적으로 과반수 환자의 암 발병을 예방하고자 짠
스케줄이겠지만, 그 과반수에 포함되지 않는 이들도 있게 마련이다.
따라서 암 검진 스케줄은 대다수의 암 발병을 예방하는 방법 중 하
나의 길라잡이 혹은 가이드라인 정도로 여기면 된다. 암 검진 스케
줄은 어떻게 만들어졌고 어떻게 개인에게 적용해야 할까?

개그맨 Y 씨의 사례를 보자. 안타깝게도 그는 2017년 만 37세에
대장암 3기 판정을 받았다. Y 씨는 대장암 관련 가족력이 있었기에
일찍부터 대장내시경 검사를 주기적으로 받아왔는데, 검사를 받을

때마다 용종이 많이 발견되어 제거했다고 한다. 가족력이란 요인을 이해하고 일찍부터 검사를 시작한 것은 매우 잘한 일이다. Y 씨는 2년마다 대장내시경을 받았지만, 어느 해 바쁜 스케줄 때문에 2년 8개월이 지났을 즈음 겨우 검사를 받을 여유가 생겨 병원에 연락했다. 그에 따르면, 담당 의사가 그의 나이만 보고 대장내시경은 3~5년 후에 해도 되니 오지 않아도 된다고 했단다. 하지만 그는 가족력을 이야기하며 내시경을 받겠다고 했고 검사 결과 이미 대장암이 3기 정도로 진행되어 있었다. 의사의 만류에도 그가 검사를 받겠다고 밀어붙일 수 있었던 건 본인의 가족력과 대장내시경 기록을 이해하고 있었기 때문이다. 만에 하나 그저 통계에 맞춘 '3~5년마다 검사' 지침을 따랐다면, 진행 중이던 대장암이 4기에 다다랐을 때 발견했을 가능성이 크다.

Y 씨의 사례는 대한민국 대장암 검진 스케줄이나 전 세계적 대장암 검진 스케줄과 전혀 맞지 않다. 45세에 대장암 검사를 시작하고, 매년 대변검사나 대장내시경을 한다면 내시경 결과에 따라 5~10년마다 재검사를 권장하고 있기 때문이다. 만약 그가 이를 따랐다면 45세 첫 대장내시경 검사에서 대장암 말기 진단을 받았거나, 대장암 증상이 나타나 원인을 찾고자 실시한 첫 대장내시경 검사에서 암 진단을 받았을 가능성이 크다. 이것이 바로, 암 검진 스케줄만 철석같이 믿고 따르면 안 되는 이유다.

그렇다면, 암 검진 스케줄은 누가 만들고 어떻게 만들어지는 걸까? 일반인들이 이 모든 과정을 알아야 하는 것은 아니지만, 보다 큰 틀을 이해해야 검진 스케줄을 변형하여 본인에게 맞게 조정할 수 있으므로 간단하게나마 짚고 넘어가자.

암 검진 스케줄을 제시하는 학회들

암 검진 스케줄은 여러 학회에서 제시한다. 유방암 검사를 예로 들어보자. 유방암 치료는 산부인과와 암 내과에서 진행하기에 산부인과 학회와 암 학회에서 각각 유방암을 어떻게 검사해야 하는지 발표한다. 두 학회가 제시한 유방암 검사 스케줄은 다음과 같다.

미국 암 학회 American Cancer Society **유방암 검사 스케줄** (2015년)

- 40~44세: 매년 유방단순촬영검사를 권장한다.
- 45~54세: 매년 유방단순촬영검사를 실시한다.
- 55세 이상: 유방단순촬영검사는 2년마다 권장하지만, 환자가 매년 검사받고 싶어하면 허락한다.
  - 의사에 의한 임상유방검사 clinical breast exam 는 권장하지 않는다.

미국 산부인과 학회 American College of OB&GYN **유방암 검사 스케줄**(2017년)

- 25~39세: 1~3년에 1번씩 의사에 의한 임상유방검사를 권장한다.

- 40~49세: 유방단순촬영검사를 권장하고, 매해 의사에 의한 임상유방검사를 권장한다.
- 50~75세: 1~2년마다 유방단순촬영검사를 반드시 받는다.
- 75세 이상: 유방단순촬영검사를 중단하는 것을 환자와 논의한다.

보다시피 검사를 시작하는 주기와 검사 방법이 조금 다르다. 산부인과 학회 스케줄을 따를 경우, 비교적 어린 나이부터 검사를 권장하기에 유방암 예방에 더욱 적극적으로 보인다. 반면, 암 학회 스케줄에는 75세 이상의 여성과 유방암 검사 중단을 논의하라는 말이 없는 것으로 보아 시니어 여성까지 유방암 검사을 받게 해 암 학회가 보다 적극적으로 유방암 예방에 힘쓰는 것처럼 보인다. 여기서 하나 더 고려할 것이 있는데, 바로 임상유방검사다. 이는 환자의 자가진단이 아닌 숙련된 의사가 시행하는 검사로, 보다 정밀한 검사가 가능하기에 유방암 발견이 한결 쉽다. 하지만 암 학회의 경우 이런 임상유방검사마저 권장하지 않으며, 산부인과 학회에서만 적극적으로 권장한다.

헷갈리지 않는가? 여러 학회에서 동의하는, 일치되는 스케줄 하나만 알려주면 편하지 않을까? 이러한 이유로 대다수의 의료진은 미국 예방정책국 특별위원회United States Preventative Serivces Task Force; USPSTF에서 종합하고 정리해서 발표하는 스케줄을 따른다.

미국 상위 1% 부자들의 7가지 건강 습관

미국 예방정책국 특별위원회 USPSTF 유방암 검사 스케줄
(2016년)

• 40~49세: 개인의 위험 요인에 따라 의사와 상의하여 암 검사를 시작할 것을 권장한다.
• 50~74세: 2년마다 유방단순촬영검사를 권장한다.
• 75세 이상: 유방단순촬영검사를 계속 실시할 경우 득과 실을 비교하기에 근거가 미흡하다.

두 학회의 스케줄에 비하면 훨씬 간결하다. 처음부터 USPSTF 스케줄을 보여주지 않은 것은, 암 검진 스케줄이 만들어지는 과정을 이야기하면서 2가지를 알려주고 싶어서다.

첫째, 법이 만들어지는 과정을 보면서 이처럼 법은 인간을 위해 만들어졌다는 것을 알 필요가 있다. 암 예방을 위해 여러 학회가 통계학적으로 분석하여 만든 예방안을 보면서, 암 검진 스케줄을 '절대 어겨선 안 되는 법'으로 여길 것이 아니라, 자신의 상황에 맞게 융통성 있게 변형할 수 있는 스케줄임을 이해해야 한다. 유방암 검사를 예로 들었지만, 각 암 검사마다 학회에서 주장하는 바가 각기 다르고, 권장하는 바도 조금씩 다르다.

둘째, 암을 검사하는 방법도 여러 가지라는 것을 알려주고 싶었다. 흔히 50대에 시작하는 유방단순촬영검사 외에도 임상유방검사

같은 방법도 있다. 하지만 이들은 가장 정확하고 가격도 저렴하며 환자에게 해가 되지 않는 검사를 엄선한다. 대장암 검사를 예로, 좀 더 자세히 살펴보자.

대장내시경 vs. 대변검사

대장암은 암으로 인한 한국인의 사망 원인 중 2위에 해당할 정도로 위험한 질병이다. 2019년 대장암으로 인한 사망률은 10만 명당 17.5명이었는데, 이는 10년 전보다 22.1% 증가한 것으로, 한국인의 대표 암인 위암 사망률을 제친 수치였다. 따라서 한국인이라면 반드시 대장암 검사를 받을 필요가 있는데도, 대장내시경을 하기 전에 복용해야 하는 이른바 '장청소약'이 큰 난관이 된다. 그래서 적지 않은 환자들이 내시경 대신 대변검사를 받고 싶어 한다. 그렇다면 대변검사를 통한 대장암 발병 여부 진단은 믿을 수 있는 걸까?

대장암의 가장 흔한 증상은 혈변인데, 대변검사를 통해서 출혈 여부를 확인할 수 있다. 검사 결과는 출혈이 '있다-없다'로 나온다. 육안으로 식별하기 어려운 미세한 양의 출혈까지 잡아내기 때문에, 눈으로 혈변이 확인될 때 내시경 검사를 하는 것보다 더 빨리 진단할 수 있다는 점에서 유리하다. 다만 그 이상의 유익은 없다. 많은 이가 '대변검사=대장암 검사'로 생각하는 것 같은데, 큰 오해다. 대변검사는 그저 혈변검사일 뿐이다. 대장에 출혈이 없는 용종이 있어도 대변검사로는 검출되지 않는다. 그에 비해 대장내시경을 받으면, 모든 용종을 발견할 수 있고 제거까지 가능하다.

2012년 미국의 대표적인 의학저널인 〈뉴잉글랜드저널^{NEJM}〉에 '대장내시경 vs. 대변검사'란 제목으로 대장암 예방을 위해 어떤 검사가 효과적인지를 다룬 기사가 실렸다. 기사에서는 50~69세의 2만 6,000명의 환자를 대상으로 대장내시경과 대변검사를 진행한 결과를 비교했다. 두 검사를 통한 '대장암' 발견 빈도수는 동일했다 (0.1% vs. 0.1%). 하지만 선종을 발견한 빈도수에선 차이가 있었다. 종양성 용종의 경우, 대장내시경을 통해서는 1.9%(514명), 대변검사를 통해서는 0.9%(231명)가 발견됐고, 비종양성 용종은 대장내시경을 통해 4.2%, 대변검사를 통해 0.4% 발견되어 차이가 컸다.

정리하자면, 대변검사는 내시경과 비슷한 확률로 대장암을 발견해 내지만 선종을 잡는 데는 다소 미흡하다. 검사의 본래 목적은 암 예방인데, 대변검사는 암의 예방보다는 '검출'에 더 가깝다는 이야기다. 그러니 매년 대변검사를 하는 건 대장암 검출 시 서둘러 대장내시경을 통해 초기 단계의 암을 찾아 제거하겠다는 의도로 실시되어야 한다.

대장내시경을 통해 용종이 발견되면 그것으로 끝나는 게 아니다. 용종의 크기와 개수도 중요하다. 선종은 크기가 클수록 암 발생 위험이 커진다. 크기가 1cm 이하인 선종의 암 가능성은 2.5% 이하다. 1~2cm 크기의 선종은 10% 미만, 2cm 이상의 선종은 20~40%로 알려져 있다. 연구에 따르면, 대장내시경 검사에서 발견되는 용종을 제거하면 대장암을 70~90%, 사망률을 50% 줄일 수 있다.

이처럼 대장내시경을 통한 암 예방 확률이 훨씬 높은데도 한국은 물론 미국에서도 대변검사가 계속 이뤄지는 건, 편리함과 저렴한 가격 때문이다. 실제로 대변검사는 굳이 병원에 가지 않아도 집에서도 쉽게 할 수 있다. 앞서 언급한 2012년 연구에서 사람들이 대장내시경보다 대변검사를 더 선호한다는(24.6% vs. 34.2%) 결과가 나온 것도 이 때문일 것이다.

검사자의 실력이 중요한 검사들

대변 제출로 끝나는 대변검사와 달리, 대장내시경은 검사자의 실력에 따라 그 결과가 크게 달라질 수 있다. 눈에 잘 띄지 않을 정도로 작은 선종을 잡아 제거함으로써 대장암을 예방할 수도 있고, 그 저 "대장이 깨끗하네요!"라는 검사자의 말에 안심하고 있다가 놓친 용종이 자라서 대장암이 될 수도 있다. 이처럼 대장내시경은 검사자가 매의 눈으로 꼼꼼히 살펴 작은 용종도 발견해 내는 게 중요하기에, 대장암 예방이 검사자의 실력과 경험에 크게 좌우된다고 할 수 있다.

이처럼 검사자의 실력이 중요한 검사 중 하나는 초음파 검사다. 유방암 검사, 골다공증 검사, CT 또는 MRI 촬영은 검사자가 버튼만 누르면 쉽게 촬영이 되므로 사실항 특별한 실력이 요구되지 않는다. 반면 초음파 검사는 여러 가지 모드와 프로브로 검사를 하고, 검사자가 환자를 이쪽저쪽으로 움직이게 해 정밀하게 살펴야 하는데, 자칫 그러지 못해 중요한 것을 놓치는 경우도 생긴다. 어렸을 적 개인병원을 운영하셨던 나의 아버지는 어느 날 한 환자의 간에서 작은 혹을 발견해 환자를 대학병원으로 보냈다. 그런데 오히려 대학병원에서 이를 찾지 못해서 다시 도움을 요청했다는 이야기를 들은 적이 있다. 이처럼 초음파 검사는 실력 있는 검사자를 만나는 것이 정말 중요하다.

영상의학과 전문의의 판독 실력 또한 대단히 중요하다. CT나 MRI 검사 결과를 판독하는 것이 영상의학과 전문의들의 몫이다. 대부분의 영상의학과 전문의는 환자를 직접 만나지 않고, 어두운 방에서 종일 촬영된 검사지를 판독한다. 실력 있는 전문의는 환자의

CT 또는 MRI 검사 결과를 정성스럽게 판독하여 리포트를 상세히 작성하며, 내과 의사의 진단에 도움이 될 만한 단서들을 꼼꼼히 정리해서 준다. 병리학 전문의도 비슷하다. 환자의 시술이나 수술 후 조직검사를 한 뒤엔 병리학 전문의가 현미경으로 들여다보며 진단해 주는 일을 한다.

그렇다면 실력 있는 검사자를 어떻게 찾을 수 있을까? 가장 쉬운 방법은 가장 유명하고 명성이 높은 병원에서 건강검진을 받는 것이다. 다만 비용이 만만치 않을 수 있다. 주치의가 있다면 그에게 자문을 구하는 것도 방법이다. 여러 병원에 검사를 요청하고 환자를 보내본 경험이 많은 주치의라면 실력 있는 영상의학과 전문의와 병리학 전문의가 누구인지 알고 있을 가능성이 크다. 그런 주치의와 상의하여 실력 있는 검사자를 추천받아 검사를 받는 것이 대단히 지혜로운 방법이다.

비싼 검사가 늘 최고인 것은 아니다

만약 당신이 건강검진을 받은 후 의사에게서 위내시경 조직검사 결과를 듣는데, '위축성 위염'과 '장상피화생' 진단을 받았다고 해보자. 인간은 본래 자신이 아는 선에서 이해하고 심각성을 파악하는 성향이 강하기에 귀에 더 익숙한 '위축성 위염'을 기억할 것이다. 건강검진 결과에 대한 설명이 이것으로 끝이라면 나중에라도 장상피화생이 무엇인지 찾아보고 질문이라도 하겠지만, 보통은 검진 결과에 대한 설명이 여기서 끝나지 않는다. 의사는 당신의 췌장에 물혹이 발견되었다든지 지방간이 검출되었다든지 하면서 여러 우려되는 부분을 계속 설명한다. 또 건강을 위해 어떤 식습관을 가져야 하며, 약간의 강도가 있는 운동을 겸해야 한다고 당부한다. 이쯤 되면 당신이 몇 분 전 품었던, '장상피화생이 뭔지 한번 검색해 봐야지' 했던 생각은 사라지고 만다.

이러한 이유로 나는 환자들을 진료할 때 그가 예전에 받았던 내시경이나 조직검사 결과 등을 가져와 같이 확인하곤 한다. 검사 결과지에 '장상피화생' 같은 진단명이 적혀 있어도 환자한테 물으면 거의 처음 듣는다는 표정일 때가 많다. 조직검사 결과를 받기 전엔 대부분이 그저 아무 이상이 없거나 약간의 위염이 있다고 들은 게 전부라고도 말한다. 장상피화생은 만성 염증과 담즙 노출로 인해 위점막 세포가 장점막처럼 변하는 질환으로, 위암으로 발전할 가능성이 6배나 된다. 위암으로 가기 직전의 단계라고 할 수 있는데 위내시경을 할 기회를 놓치면 어찌 되겠는가? 환자의 탓도, 건강검진 결과를 설명해 주는 의료진의 잘못도 아니다. 대단히 많은 정보를 한꺼번에 환자에게 전달하고 설명시켜야 하는 시스템이 문제다.

병원만 해도 하루 또는 이틀에 걸쳐 많은 사람의 건강검진을 시행하기에, 그만큼 많은 검사 결과가 나온다. 그 결과들을 한 책자에

넣어 기록한다고 해도 이를 보고 듣는 이가 전문가가 아니면 벅찰수밖에 없다. 결과를 설명하는 의료진도 검진을 받은 환자들도 수없이 많은 상황에서 모든 환자에게 장상피화생 강의를 할 수도 없는 노릇이다.

결국 시스템을 보강하는 1가지 방법은 '반복 학습'이다. 건강검진 결과를 반복해서 검토하는 것이다. 혼자만 할 것이 아니라 의사와 함께 검토하라. 물론 모든 의사가 환자 개개인의 검사 결과를 꼼꼼히 검토해 줄 순 없다. 가장 이상적인 것은 환자가 먼저 상세히 살펴보고 이해가 되지 않는 진단들을 체크해 그것 위주로 의사에게 질문하고 상의하는 것이다. 그렇게 한 뒤 "방금 설명해 주신 것 외에 제가 주의하고 챙겨야 할 것은 없을까요?"라고 다시 확인하며 검토하는 것이 바람직하다.

앞서 언급했듯, 가족력과 위험 요인을 모르고 있거나 과거 건강검진 결과를 이해하지 못하고, 건강검진 스케줄이 필요에 따라 바뀔 수 있다는 것도 알지 못한 채 건강검진을 받으러 가면, 그저 가장 흔한 검진 프로그램을 고르게 된다. 또 어떤 검사를 얼마나 자주 받아야 하는지 모르기에 그저 불안한 마음에 필요도 없는 모든 검사를 2년마다 받게 될 수도 있다. 반대로 건강검진 설계의사나 주치의와 상담을 통해 내게 꼭 필요한 검사들만 고를 수 있다면, 비용을 줄이는 것은 물론, 검사의 효과도 높일 수 있다.

프리미엄 검진, 꼭 필요한가?

한국의 건강검진에는 프리미엄 검진 프로그램이 따로 있다. 비용을 좀 더 지불하면 특급 서비스와 정밀 검사를 제공하는 프로그램이다. 프리미엄 건강검진 상품의 가격은 기본검진에 비해 최고 60배나 비싸다. 그럼에도 대형병원을 중심으로 비싼 검진 프로그램을 출시하는 이유는 그만큼 찾는 사람이 많기 때문이다. 금전적 여유가 있는 사람들이 자신의 건강을 위해 프리미엄 검진 상품을 선택하는 걸 막을 이유는 없지만, 그런 프로그램이 그만한 가치가 있는지는 따져볼 필요가 있다.

주요 프리미엄 건강검진 프로그램들의 검진 항목을 검토해 본 결과, 추가된 검사 중 반드시 받아야 할 사항들은 찾기 어려웠다. 오히려 필요한 흉부 CT가 빠져 있거나(흡연자 필수), 필요 없는 동맥경직도 검사나 전립선 초음파가 추가되거나 방사선에 과다 노출되는 복부 CT가 포함된 경우도 있었다. 어떤 프리미엄 건강검진 패키지에는 암을 초기에 발견해 준다는 PET 검사까지 있었는데, 사실 PET 검사는 암 진단 후 전이된 곳은 없는지 확인할 때 받는 검사이지, 처음부터 받을 검사는 아니다. 암뿐 아니라 일반 감염이나 염증도 PET 검사에서는 양성으로 나오기에 추가 검사를 해야 할지 말지 헷갈릴 수 있기 때문이다.

'정밀 기본' 건강검진 프로그램에는 이미 필요한 주요 암 검진 사항들이 포함되어 있다. 병원 입장에서도 그래야 많은 이의 안전을 지킬 수 있기 때문이다. 따라서 추가적인 검사 프로그램이 많이 들어간 프리미엄 건강검진을 꼭 받아야 하는 건 아니다. 프리미엄 건강검진의 가장 큰 혜택은 친절한 서비스가 아닐까 싶다. 프리미엄 검진을 받으면 일반 검진에 비해 검진 결과에 대한 전문의의 충분한 설명과 상담이 제공된다. 앞서 언급했듯, 검사 자체보다 판독과 결과에 대한 설명 및 상담이 사실상 더 중요하기에, 더욱 자세한 설명을 듣고 전문의로부터 꽤 긴 시간 상담을 받을 수 있다면 대단히 유용할 것이다. 다만, VIP 신드롬은 주의해야 한다. VIP 신드롬이란 의료진이 VIP 환자를 진료할 때, 조금이라도 더 잘해야 한다는 강박을 갖게 되는 것을 뜻한다. 예를 들어, 의사가 환자의 기분을 맞추기 위해 정확한 질문을 하지 못하거나 필요한 '쓴 소리'도 쉽게 하지 못한다면 문제가 된다.

어쩌면 프리미엄 건강검진 프로그램의 가장 큰 문제는, 환자가 프리미엄 서비스를 받는 비용을 지불한 것으로 자신의 건강을 다른 이에게 위탁해 버릴 위험이 크다는 게 아닐까 싶다. 의사들이 아무리 환자를 귀빈으로 대접한다고 해도 환자 본인이 스스로 챙겨야 할 것들이 있다. 검진 결과를 듣고 어떤 검사를 어떻게 받아야 할지 결정하는 것은 결국 본인이다. 그저 많은 돈을 냈으니 누가 알려주겠지, 하면서 관심을 꺼버리는 것이야말로 가장 큰 위험이 될 수 있다는 걸 꼭 기억하자.

암 검진은 언제까지 해야 할까?

"나이 들면 암 검사는 안 해도 된다고 하던데" 하시며 검진받길 꺼려 하는 어르신 환자를 종종 만난다. 그럴 때마다 나는 나이는 숫자에 불과하다고 말씀드리곤 한다. 외래 진료를 통해 만나는 환자와 나이가 같은데도 요양병원에 누워 있는 경우도 있으니 말이다. 이들 중에는 여러 기저질환과 장애로 예후가 좋지 않아서 환자와 보호자가 암 검사를 받지 않기로 동의한 경우도 있다. 따라서 환자 개인의 위험 요인과 현재 기저질환을 기반으로 예후를 살펴서 각종 암 검진의 득과 실을 따져서 결정해야 한다. 또한 앞서 살펴봤듯, 암 검진 스케줄도 학회마다 다르고 암 검진을 중단해야 할 특정 나이가 정해져 있는 것도 아니다. 그러니 환자는 열린 마음으로 의사와 상의하고 결정하면 된다.

그럼 환자의 예후를 객관적으로 검토할 수 있는 방법은 없을까? 수많은 데이터가 쌓인 덕분에 이제는 노후에 자신이 특정 암에 걸릴 확률을 알아볼 수 있는 방법이 생겼다. 캘리포니아주립대 샌프란시스코 UCSF^University of California, San Francisco에서 발표한 유방암과 대장암 예후 척도기 'ePrognosis.ucsf.edu'가 바로 그것이다. 나이, 성별, 기저질환, 인지장애, 가족력, 독립성 등을 체크하면 특정 환자가 유방암 또는 대장암 검진을 받을 때의 득과 실을 알려주며, 이러한 위험 요인을 바탕으로 검사했을 때 암이 발견될 확률도 알려준다. 장단점을 객관적으로 알려준다는 점에서 좋지만, 결과를 받기까지 체크해야 할 질문들이 너무 많아 다소 번거로운 것도 사실이다. 숙련된 의사라면 계산된 확률이 아니더라도 환자와 암 검진의 득과 실을 충분히 논할 수 있으니 좋은 의료진을 찾는 것이 가장 좋은 방법이다.

앞서 말한 개그맨 Y 씨는 자신의 유튜브 영상에서 본인의 건강은 본인이 챙겨야 한다고 강조한다. 나는 거기에 더해 본인의 건강검진 스케줄은 본인이 챙겨야 한다고 말하고 싶다. 그가 3기에 대장암을 발견해 치료할 수 있었던 것도, 자신의 몸이 대장암에 취약하다는 사실을 알고 의사의 만류에도 검사를 받겠다고 고집한 덕분이다. 다행히 그는 2019년 한 프로그램에서 스스로 밝혔듯 "거의 완치"되었다. 그럼에도 종종 대장내시경을 받으며 재발되지 않도록 관심을 기울여야 할 것이다.

지금까지 이야기한 자신의 근육을 비롯한 체력과 마음, 두뇌 관리, 또 약을 제때 복용하는 것은 오로지 시니어인 자신이 감당해야 할 일이다. 하지만 적절한 건강검진을 통해 암 같은 질병을 초기에 발견할 수 있게 도와주는 것은 의사의 역할이기도 하다. 의사는 마치 저격수처럼 조금 떨어진 거리에서 환자에게로 오는 각종 질병을 초기에 발견하고 제거해야 한다. 결국 건강한 몸은 의사와 환자의 좋은 팀워크에서 비롯된다고도 볼 수 있다. 한국의 경우 미국처럼 주치의 제도가 있는 건 아니라, 대개는 동네 작은 의원의 한 내과 의사를 주치의처럼 자주 만날 것이다. 그렇더라도 아플 때만 찾고 필요할 때만 만나는 게 아니라, 친한 동료처럼 종종 의사를 찾고 관계를 쌓아가면 어떨까?

비결 5 요약

1. 자신의 취약점을 이해한 후 의료진과 상의해 건강검진 일정을 정확하게 설계해야 한다.

2. 희귀암보다는 발병률이 높은 흔한 암부터 챙겨야 한다.

3. 가족력과 생활습관을 토대로 본인이 어떤 암에 취약한지 알아야 한다.

4. 학회마다 권장하는 건강검진 스케줄이 다르므로, 스케줄을 그대로 따르지 말고 의료진과 상의하여 결정하라.

5. 검진 스케줄은 본인이 챙기되, 의사와 상의할 수 있는 팀워크가 필요하다.

비결 6

병원
사용법을 안다

코로나 팬데믹 이후, 일반인들 사이에서 병원에 입원하면 오히려 질병에 감염되기 쉽다는 인식이 생긴 것 같다. 과거에만 해도 '병원에 가면 병이 낫는다'라는 생각에 무조건 병원에 입원하길 원하는 시니어들이 많았는데 말이다.

스탠퍼드 대학병원 3층에는 고령자를 배려한 고령친화병동ACE unit; Acute Care for Elders unit이 있다. 사실 나이가 들면, 병원에 입원하는 것 자체로도 환경의 변화와 신체 움직임 제한 등의 이유로 여러 위험이 발생할 수 있다. 따라서 고령친화병동은 병이 악화되는 것을 막고 환자가 빠른 시일 안에 안전하게 퇴원할 수 있도록 프로그램을 설계한다. 감사하게도 나는 이 병동이 구축될 때 입원으로 발생할 수 있는 시니어 환자의 불편사항을 미리 검토하고 합병증을 예방할 수 있도록 간호사와 사회복지사, 여러 의료진의 교육 프로그램을 구축하고 효과를 검토하는 데 직접 기여할 수 있었다.

이에 대한 경험을 토대로, 나는 입원이 필요한 환자가 있을 때 보호자도 함께 준비시킨다. 최근에 허리수술을 받으신 71세 어르신이 요양병원에 입원하셨는데, 이러한 준비 덕분에 재활 2주 만에 건강히 퇴원하셔서 외래로 만날 수 있었다.

병원에 입원하는 것을 꺼리는 시대가 되었다고 해도, 응급 상황에는 어쩔 수 없이 병원에 입원해야 한다. 그럼 병원에 입원해야 할 때는 무엇을 준비하고 무엇을 조심해야 할까? 이를 알면 요양병원이나 요양원에 오래 머물지 않고 익숙하고 편한 집으로 빨리 퇴원할 수 있다.

입원이 환자에게 해로운 것일까?

여러분이 폐렴으로 병원에 입원했다고 가정해 보자. 5일 동안의 치료가 끝나갈 무렵, 의사가 "이제 폐렴 치료는 끝났고 더는 할 것이 없으니 퇴원해도 좋습니다"라고 말한다면 어떻게 하겠는가? 만약 당신이 45세 성인이라면, "네, 그간 감사했습니다"라고 대답하며 바로 퇴원수속을 밟을 것이다. 하지만 65세, 75세의 시니어라면? 아무 문제 없이 집으로 갈 수 있을까?

사실 시니어가 폐렴 치료를 받느라 5일 동안 병원 침상에 누워 있었다면, 하체의 힘이 빠져서 혼자 화장실에 가는 것도 어려워진다. 그럼 퇴원 후부터는 요양병원이나 재활병원을 찾거나 간병인 또는 가정방문 물리치료사를 구해야 하는데, 그렇게 하는 데도 또 며칠이 소요된다. 적당한 병원이나 간병인을 찾는 도중에 환자의 몸이 더욱 쇠약해질 수도 있고, 기존의 만성질환이 도지거나 새로운 감염으로 퇴원이 더욱 늦어질 수도 있다.

사실 병원에 입원하는 환자 중 대부분은 65세 이상의 시니어들이기에 이와 같은 일이 흔히 발생하곤 한다. 65세 이상의 노인이 전체 인구에서 차지하는 비중은 13% 정도이지만, 병원에 입원한 사람 중에서는 36%의 비중이며, 이들이 내는 병원비가 전체 병원 수입의 50%를 차지하는 것이 현실이다.[1] 이러한 상황을 알기에 의료진들도 시니어 환자들을 위해 여러모로 노력하고 있는데, 객관적으로 볼 때 부족한 것은 없는지 입원이 오히려 환자에게 해가 되는 건 아닌지 노년내과에서 검토하기 시작했다.

그 결과, 70세 이상의 입원환자 중 약 3분의 1이 입원 2주 전에는 없었던 새로운 장애를 가지고 퇴원하게 된다는 사실이 밝혀졌다.[2] 이를 '입원관련장애'라고 한다. 최근 연구 결과[3]에 따르면, 이런 '입원관련장애'에 취약한 시니어가 입원할 때는 다음의 요인들을 특별히 유의해 살필 것을 권하고 있다.

1. 나이

2. 일상생활 수행능력과 수단적 일상생활 수행능력

3. 입원 2주 전 보행능력

4. 전이된 암이나 뇌졸중 여부

5. 중증 치매 여부

6. 저알부민혈증 여부

항목 중 '일상생활 수행능력'이란 사람들이 일상적으로 하는 활동을 할 수 있는 능력이다. 환자 본인이 스스로를 돌보고 독립성을 유지할 수 있는지, 기본적인 일상에서 개인 관리 활동능력이 있는지 확인해야 한다. 옷 입기, 세수하기, 목욕하기, 식사하기, 이동하기, 화장실 사용하기, 대소변 혼자 보기 등이 해당한다. 또 '수단적 일상생활 수행능력'이란 독립적인 생활과 관련된 활동으로, 사회생활에 필요한 좀 더 복잡한 기능을 수행할 수 있는 능력이다. 주로 질병의 진행 정도를 평가하고, 환자가 본인을 돌볼 능력이 있는지와 질병 초기의 환자를 평가할 때 살핀다. 몸단장, 집안일, 식사 준비, 빨래, 근거리 외출, 교통수단 이용, 물건 구입, 금전 관리, 전화 사용, 약 복용 등이 해당한다.

중요한 것은, 첫째도 기능이고 둘째도 기능이다. 병원에 입원하기 전 환자의 보행능력이 퇴원할 때도 여전한지가 중요하다. 그래야 퇴원해서 집으로 이동하고 집안에서도 활동할 수 있기 때문이다.

미국 상위 1% 부자들의 7가지 건강 습관

혈액검사 수치가 얼마이든, CT 결과에서 어떤 문제가 보이든, 당장은 시니어 환자의 기능이 정상적인지를 반드시 확인해야 한다.

중요한 것은 기능을 유지하는 것

시니어 환자가 병원에 입원했을 시 가장 중요한 것은 신체 기능을 유지하는 것이라고 했다. 이를 명심하고 입원하는 순간부터 신체 능력과 기능 유지에 신경 써야 한다. 그저 의료진들이 알아서 해 주겠거니 하면서 아무 생각 없이 침상에 누워만 있다가 치료가 끝난 후 챙기려고 하면 늦을 때가 많다. 따라서 입원 수속을 마치고 여러 치료들이 진행될 때부터 퇴원을 위한 준비를 시작해야 한다.

입원 초기에는 원만한 퇴원을 위해 무엇을 준비해야 하는지 잘 모를 수 있다. 발생할 수 있는 큰 문제는 환자의 기저질환을 바탕으로 예측해야 한다. 예를 들어, 입원하기 전부터 허리가 좋지 않아 평소에 잘 걷지 않았던 환자라면, 퇴원할 즈음엔 재활이 필요할 가능성이 크다. 또 입원하기 전부터 기억력 감퇴 조짐이 있었던 환자라면 섬망이 발생할 가능성이 크므로 예방 조치를 취해야 한다.

그럼, 환자와 가족 모두가 미리 알고 실천할 수 있는 방법 몇 가지를 구체적으로 알아보자.

첫째, '침상 안정'은 이제 그만!

차차 건강이 회복되어 침대에서 벗어날 수 있는 힘이 생겼다면 최대한 빨리 두 다리를 사용하는 것이 좋다. 물론 너무 긴 시간 병상 침대에만 누워 있어서 오랜만에 두 발로 서는 것이라면, 안전을 위해서라도 처음에는 간호사나 간병인의 도움을 받아야 한다. 근육은 사용하지 않으면 약해지고, 관절도 굳을 수 있기 때문이다. '침상 안정'은 첫 입원 시 일반적으로 환자에게 내려지는 의사의 오더로, 환자가 자칫 혼자 일어나려고 하다가 낙상하게 되면 치료가 더 어려워질 수 있기 때문에 지시한다. 하지만 이러한 의사의 오더가 불필요하게 너무 오래 지속되는 경우도 있으니, 질병이 치료되고 환자의 기력이 많이 회복되고 있다면 침상 안정 오더를 해지하고 점차 독립적으로 걸으려고 노력해야 한다.

둘째, 식사는 침대에 걸터앉아서 하라

건강이 조금씩 회복되면 병원에서 식사가 나온다. 이때 대부분의 환자가 침대머리를 올려서 식사를 하고 식사를 마친 뒤에 보호자가 다시 침대머리를 낮춰서 환자가 침상에 드러눕게 돕는다. 이런 상황이 반복되면 어떻게 될까? 환자가 전혀 몸을 움직일 필요가 없기에 근육 활성화가 더뎌질 수밖에 없다. 따라서 어느 정도 기력을 찾은 것 같다면 식사 시간에는 침대에 걸터앉아서 하는 게 좋다. 좀 더 회복이 빠르다면 침대 옆에 의자를 두고 식사할 때는 이동해서 하자.

셋째, 침상에서 누워 있는 자세를 바꿔라

규칙적인 신체 활동도 없이 장시간 침대에서 누워서 지내면 생각보다 많은 문제가 발생할 수 있다. 장시간 한 자세로 있으면 침대에 닿는 피부 부위에 압력이 가해지고 혈액 공급이 차단돼 욕창이 발생할 수 있다. 영양이 부족한 마른 체형의 환자나 요실금이나 변실금이 있는 환자일 경우엔 더욱 위험하다. 영양이 부족하면 피부가 얇아지고 건조해지며 탄력이 떨어져서 찢어지거나 갈라질 가능성을 키우기 때문이다. 또 요실금이나 변실금이 있으면 피부가 소변혹은 대변에 노출돼 연화되거나 그로 인해 갈라질 수 있다. 이러한문제를 예방하기 위해서라도 환자 스스로 혹은 보호자가 주기적으로 자세를 바꿔줘야 한다. 적어도 2시간에 1번씩 자세를 바꿔야 허리와 꼬리뼈, 발뒤꿈치에 생길 수 있는 욕창을 예방할 수 있다.

넷째, 소변줄이나 심전도 검사에 필요한 줄 등은 가급적 제거하라

소변줄이나 심전도 검사줄, 정맥주사 라인 등이 있으면 침대에 걸터앉으려고 해도 불편해서 잘 움직이지 않게 된다. 환자의 건강이 하루가 다르게 호전되고 있다면, 매일 이런 줄이 꼭 필요한지 재점검할 수 있도록 의료진에게 의뢰하고, 반드시 필요한 경우가 아니라면 제거하여 움직이기 편한 환경을 조성할 필요가 있다.

다섯째, 물리치료는 최대한 일찍 시작하라

일반병동에서는 시니어 환자가 퇴원하기 며칠 전부터 혼자서 생활이 가능한지, 퇴원 후 어디에서 머물 예정인지 등을 확인하지만, 고령친화병동에서는 훨씬 일찍부터 의료진이 물리치료사와 한 팀을 이뤄 자동적으로 협진을 시작한다. 덕분에 환자는 침상에서부터 간단한 물리치료를 받을 수 있다. 이처럼 가능한 한 빨리 물리치료를 시작하는 것이 좋다.

여섯째, 수면시간을 지켜라

환자가 위급한 상황이라면 시간에 상관없이 낮이든 밤이든 검사하고 치료해야 한다. 하지만 어느 정도 환자가 건강을 회복했다면 밤에 숙면할 수 있도록 방해하지 않는 것이 좋다. 이를테면 4시간마

미국 상위 1% 부자들의 7가지 건강 습관

다 혈압을 측정하는 일이나, 매일 이른 새벽마다 진행한 피검사 같은 것도 의료진과 상의하여 스케줄을 변경해 환자가 밤에는 충분히 잘 수 있게 해야 한다. 혹시 통증이 남아 있어 밤에 잠을 설치는 환자일 경우, 침상에 들기 전 진통제를 복용하는 것도 방법이다.

일곱째, 우울증을 예방하라

심각한 질병을 앓고 있거나 새로운 질병을 진단받았을 때는 물론, 그저 장시간 침상에 누워 있어야만 할 때 우울증에 걸릴 수 있다. 타인과의 접촉 기회가 줄고 무력감이 느껴질 때도 인간은 우울증에 걸리기 쉽다. 그러니 가족이나 간병인은 환자의 현재 심리 상태가 어떤지 세심하게 살피면서 대화를 건네고, 종종 하고 싶은 말은 없는지, 털어놓고 싶은 이야기는 없는지 물어야 한다. 별것 아닌 것처럼 보이는 이 정도의 관심만으로도 우울증 예방에 큰 도움이 된다.

여덟째, 눈과 귀는 활짝 열어둘 것

만약 환자가 평소 안경이나 보청기를 사용해 왔다면 언제든지 필요할 때 사용할 수 있도록 침대 옆에 구비해 두자. 병상 중에서도 여러 감각의 기능이 상실되지 않도록 주의해야 한다.

아홉째, 섬망을 예방하라

신체 질환이나 약물 등으로 뇌의 전반적인 기능장애가 발생해 안

절부절 못하고, 잠을 자지 않고, 환각을 보거나, 소리를 지르고, 몸에 주사기를 빼내는 것 같은 심한 과다행동을 보이는 것을 섬망이라고 한다. 섬망을 치료하고 예방하는 방법을 보다 구체적으로 살펴보자.

여기서 잠깐!

섬망을 예방하라!

큰 수술을 받거나 급격한 건강 악화로 시니어가 입원할 경우, 섬망이 나타날 확률이 높다. 섬망은 입원 환자의 10~15%가 경험할 정도로 흔한데, 특히 인지력이 부족하거나 청력과 시력이 좋지 않을 때 발병하기 쉽다. 그럼 섬망과 관련해 Q&A로 간단히 정리해 보자.

Q _ 섬망의 증상은?

A _ 섬망이 발생하면 환자가 안절부절 못하고, 잠을 자지 않고, 소리를 지르거나, 과다행동을 보이며, 또 환각 증세를 보일 수 있다. 증상은 특히 저녁부터 심해지는데, 아무리 말로 타일러도 소용이 없어서 이러한 모습을 목격한 가족은 평소 알던 모습과 다른 환자의 모습에 크게 당황할 수 있다.

Q _ 섬망인지 아닌지 알 수 있는 방법은?

A _ 2가지 간단한 질문만으로도 환자가 섬망인지 아닌지 알아볼 수 있다 Ultra-Brief 2-item bedside test. 첫째, "오늘이 무슨 요일인가요?" 둘째, "요일을 거꾸로 말해주실래요?" 물론 이 외에도 의료진들은 여러 도구와 검사로 환자의 경과를 평가한다.

Q _ 섬망이 치매인가?

A _ 섬망은 치매와 다르다. 섬망은 정신을 차리기 어렵고 집중하기 힘든 상태라고 보면 된다. 예를 들어, 심한 독감에 걸려 침대에 누워 있을 때를 떠올려보라. 누군가가 도와준다고 해도 달갑지 않고 그저 눈을 감고 계속 자고만 싶다. 지금이 낮인지 밤인지 관심이 없는 것은 물론, 도통 어느 것에도 집중하기 어렵다. 이보다 조금 더 심한 상태가 섬망이라고 생각하면 된다. 다만, 치매가 있다면 섬망에 더욱 쉽게 노출될 수 있다.

Q _ 왜 섬망을 치료해야 하나?

A _ 섬망이 높은 이환율이나 사망률과 관련이 깊기 때문이다. 예를 들어, 낙상으로 인한 골절을 치료하고자 큰 수술을 받은 환자가 섬망이 생겨서 재활을 제대로 하지 못하게 되었다고 하자. 초기에 제대로 치료받지 못하면 재활을 위한 골든타임을 놓쳐 하체가 약해질 수 있고 이로 인해 다시 넘어지거나 소변줄을 빼지 못해 방광염에 걸리는 등 감염에 시달릴 수 있다. 연구에 의하면, 섬망이 퇴원 후 6개월까지 지속되는 경우도 있었다.

Q _ 섬망 치료를 위해 약을 먹은 환자가 계속 잠만 잔다면?

A _ 의료진에게 있어 섬망은 환자의 치료를 방해하는 굉장히 힘든 장애물이다. 환자를 돕고 싶지만, 오히려 강하게 저항할 수 있고 밤에 충분한 휴식을 취해야 하는데 자지도 않고 밤새 소리를 지르는 등의 증세가 나타날 수 있기 때문이다. 이런 환자에게는 항정신병계열의 약을 처방하는 경우가 많은데, 자칫 지나치게 오랜 시간 잠만 자는 부작용이 발생할 수 있다. 환자가 약을 먹고 계속 잠만 잔다면 의사와 상의해 약의 용량을 줄이고 근본적인 원인을 찾아 치료할 수 있게 노력해야 한다.

Q _ 왜 환자의 손발을 묶어놓나?

A _ 섬망이 심해지면 환자가 본의 아니게 공격적으로 변해 본인이나 의료진에게 위험한 행동을 할 수 있다. 이러한 위험을 막고자 단기간 손발을 묶어놓는 경우도 있다. 도움의 손길마저 자신을 해치

는 것으로 오해하여 본능적으로 반응할 수 있기 때문이다. 하지만 이렇게 손발을 묶는 행위 자체가 환자를 더욱 답답하게 만들어 섬망을 악화시킬 수 있다는 견해에 따라, 최근에는 이러한 조치는 거의 취하지 않는 추세다. 의료진이 수시로 필요성을 파악하여 최대한 구속하지 않으려고 조치하나 혹여 너무 오랫동안 환자의 손발을 묶어놓은 채 방치하는 것 같다면 의료진에게 문의하는 것이 좋겠다.

Q _ 가족이나 간병인은 어떻게 도와야 하나?

A _ 섬망의 근본적인 원인이 감염이나 패혈증 같은 대사장애인지, 심혈관 질환 때문인지는 의사가 검사하고 적절하게 치료할 것이며, 간호사 역시 최선을 다해 환자를 진정시키며 케어할 것이다. 다만 환자 곁에서 오랜 시간을 보낼 보호자의 역할 또한 굉장히 중요하므로 다음의 내용을 잘 숙지하시고 시도해 보길 바란다.

1. 지력 지향 잡아주기: 환자의 시선이 닿는 곳에 환자의 이름과 오늘 날짜와 스케줄을 기록해 두어 환자가 잠시 정신이 들 때 확인할 수 있게 하자. 가까운 곳에 시계를 걸어두는 것도 같은 이유에서다. 환자가 눈을 감고 있어 자고 있는 것 같아도, 수시로 병원에 왜 입원했는지를 알려주고 지금이 몇 년, 몇 월, 며칠인지, 또 몇 시 몇 분인지 알려주며 현실을 자각할 수 있게 돕는 것이 좋다. 가급적 햇빛이 잘 드는 창가로 자리를 옮겨 낮과 밤을 구분할 수 있게 하는 것도 도움이 된다.

2. 수면 바로잡기: 환자는 밤이든 낮이든 계속 잠을 자려고 할 테지만, 최대한 환자가 밤 시간에 수면을 취할 수 있게 하자. 이를테면 잠자리에 들어야 할 때 심신 안정에 도움이 되는 음악을 틀거나 다리나 손 등을 마사지하며 촉감을 통해 심신의 안정을 도울 수 있고, 밤 시간에 소음을 줄여 쉽게 잠자리에 들도록 돕는 것도 방법이다. 의료진과 멜라토닌으로 수면 주기를 잡는 방법도 논의해 보자.

3. 감각 돕기: 평소 환자가 돋보기나 보청기를 사용했다면 침상에 있을 때도 사용할 수 있게 하자.

4. 부동 상태에서 벗어나기: 최대한 빨리 물리치료를 시작해 환자가 걸어 다니거나 몸을 움직일 수 있게 해야 한다. 대부분의 환자가 몸을 가누는 것조차 싫어하겠지만, 가급적 침대에만 누워있는 시간을 줄이는 것이 중요하다.

5. 수분 공급: 충분한 수분 섭취가 필요한데, 특정 경우 수분 섭취를 제한해야 하는 경우도 있으므로 의료진의 허락을 받고 실행하자.

6. 대소변 확인하기: 환자가 대변이나 소변을 잘 보고 있는지, 대소변을 마지막으로 본 게 언제인지 확인해, 대변은 적어도 1~2일에 1번씩 배출하도록 도와야 한다. 변비도 섬망을 악화시킬 수 있기 때문이다. 소변줄은 최대한 빨리 빼야 이동이 쉬울 수 있다.

7. 복용 약물 체크하기: 섬망 치료를 위한 새로운 약을 처방받기 전, 복용 중인 약에서 섬망을 일으킬 만한 성분은 없는지, 불필요한 약은 없는지를 의료진에게 의뢰해 체크하자.

퇴원을 했다면

앞서 언급한 사항들을 잘 지켰다면 지체 없이 제때 퇴원할 수 있을 것이다. 다만 퇴원한 후 환자가 어디에 머무르게 되느냐도 굉장히 중요하다. 재활이나 전문적인 간호가 필요 없다면 입원 전 거주했던 집으로 퇴원하면 되지만, 추가적인 치료가 필요할 때는 집이 아닌 재활병원이나 요양병원으로 퇴원해야 한다.

병원에 입원한 날이 오래될수록 집이 그리워지는 건 당연하다. 때론 치료도 수술도 포기하고 집에 빨리 가고 싶다는 생각만 들 것이다. 하지만 환자의 퇴원 여부는 다음 두 조건을 충족할 때 결정된다. 첫째, 의사가 의학적으로 시행해야 할 남은 치료 행위가 없어야 한다. 둘째, 환자가 퇴원 후 재입원할 가능성이 없어야 한다. 이 두 조건을 충족하고 환자가 혼자서 대소변을 하고 거동할 수 있을 정도의 독립성을 갖췄다면 퇴원 후 그리워하던 집으로 갈 수 있다.

환자가 집이 아닌 재활병원에 가야 하는 경우도 있다. 재활병원은 이름 그대로 재활에 중점을 둔 병원이다. 요양병원보다는 일반 병실과 유사한 구조로 되어 있으며, 매일 진행되는 재활프로그램이 알차게 계획되어 있다. 대개 뇌졸중 후, 신경질환 치료 및 수술 후, 하체의 정형외과 수술 후 환자가 집중적으로 재활치료를 받아야 할 때 재활병원을 찾는다.

퇴원한 환자가 요양병원에 가야 하는 경우도 있다. 요양병원은 말 그대로 환자의 건강 회복을 위해 몸조리를 하면서 심신을 돌볼 수 있는 병원이다. 따라서 재활병원에 비해 환자가 재활에 할애하는 시간은 적은 편이다. 대개는 시니어 환자의 컨디션이 좋지 않아 매일 몇 시간 이상의 재활 프로그램을 받기 힘들 때, 혹은 간호사의 직접적인 병간호와 치료가 복합적으로 필요할 때 요양병원에서 추가적으로 치료를 받게 된다.

퇴원 후 바로 집으로 가든, 재활병원이나 요양병원으로 가든 일단 퇴원을 했다면 2주 내로 평소 방문이 잦았던 병원의 의사를 만나는 것이 좋다. 주치의를 만나서 병원에서 어떤 검사들을 했고 어떤 치료를 받았는지 업데이트해 주고, 퇴원할 때 어떤 약들을 받았으며 어떤 전문의를 만날 계획인지 알려야 한다. 물론 환자가 의사에게 알리는 것이 의사 대 의사의 소통에 비해 부족하고 중요한 것을 빠뜨릴 가능성도 크다. 하지만 이를 알리는 과정에서 진료 경험이 많은 의사라면 환자가 무엇을 놓치고 있는지, 또 무엇에 더 신경을 써야 하는지 금세 알아차릴 수 있을 것이다.

요양병원에 관한 모든 것

코로나 팬데믹으로 인해 많은 요양병원 환자들이 집단감염으로 허무하게 세상을 떠났다. 그래서 누군가에게 요양병원은 가능한 한

피하고 싶은 곳이 되었을 수도 있다. 가장 이상적인 것은, 1대 1로 환자의 간병을 돕는 시스템을 갖춘 병원이겠지만, 재정적인 문제로, 정신적 혹은 육체적인 문제로 그렇게 간병을 받기는 쉽지 않은 현실이다. 또한 최근 벌어진 사건으로 요양병원에 대한 부정적인 시각만 앞세워 무조건 요양병원 입원을 거부하는 것은 옳지 않다. 일반 병원에서도 많은 사람이 생명을 잃지만, 병원이야말로 '생명을 살리는 기관'이 아닌가?

따라서 특별한 준비도 없이 그저 '나는 요양병원엔 절대 들어가지 않을 거야!' 하며 고집만 부릴 것이 아니라, 현실적으로 따져보고 젊었을 때부터 미리 알아보고 준비해서 기왕이면 좋은 요양병원에 들어갈 준비를 하는 것이 더욱 현명하다.

요양병원에 들어가지 않으려면

요양병원에 가지 않고 노후를 보내고 싶다면, 2가지가 필요하다.

첫 번째는, 독립성이다. 여기서 말하는 독립성이란 다른 누군가의 도움 없이 혼자서 일상생활을 할 수 있는 능력, 즉 '기능성 독립'을 뜻한다. 이러한 독립성은 어느 날 갑자기 잃어버릴 수도 있다. 나의 환자들 중에도 뇌졸중 때문에, 고관절 골절 때문에 누군가가 도와주지 않으면 혼자서 일상생활이 어려워져 요양병원에 들어간 분이 많다. 그래서 재활운동을 통해 다시 독립성을 찾을 수 있도록 도와드리고 있다. 독립성을 갖추기 위해서라도 평상시 강도가 있는 운동을 해야 한다. 기초 체력을 쌓아두면 갑자기 큰일이 닥쳐도 오뚝이처럼 금세 회복해 독립성을 되찾을 수 있다.

두 번째로 필요한 것은, 마음건강이다. 신체적인 기능성 독립도 중요하지만, 정신적 독립성도 꼭 갖춰야 한다. 본인의 정신건강은 스스로 챙겨야 한다. 근래 들어 부쩍 기억력이 떨어지는 것 같다면, 혹은 종종 우울감이 느껴진다면, 주저하지 말고 의사를 찾아 검사를 받고 치료해야 한다. 어떤 병이든 초기에 발견하고 치료하면 고치기도 쉽다. 또 치매라고 해도 일찍 병원을 찾으면 가족들도 어떻게 환자를 관리하면 되는지 그 방법을 빨리 터득해 환자를 어렵지 않게 돌볼 수 있다. 실제 나의 외래 환자의 가족 중에도 치매가 있는 아내나 부모를 집에서 돌보는 경우가 많다. 신체적, 정신적 독립성을 갖춰 10년 후에도 내 집에서 일상생활을 하고 싶다면, 매일 기초 체력을 단련하고 강도 있는 운동으로 근력을 키우면서 자신의 컨디션을 살피자.

어떤 곳이 좋은 요양병원일까?

사실 요양병원과 관련된 정보는 곳곳에 흩어져 있을 뿐만 아니라, 수술과 질병으로 몸과 마음이 편치 않은 상황에서 관련 후기를 올리는 사람도 드물기에 찾기가 쉽지 않다. 다만 괜찮은 요양병원을 찾고 있는 사람들을 위해 몇 가지 팁을 적어보았다.

첫째, 입원할 시니어 환자의 기준에서 좋은 곳이어야 한다. 자녀

입장에서 부모님을 모실 요양병원을 찾기 위해 투어를 다니다 보면, 아직도 이 정도로 열악한 환경과 시설을 갖춘 곳이 있나 싶을 정도로 허름한 형편에 놀랄 수 있다. 젊은이들의 기준은 '거주지'를 찾을 때처럼 그 기준이 다소 높기 때문이다. 하지만 요양병원은 최신기술이 적용된 편리하고 호화스러운 호텔이 아니다. 무엇보다 그곳에 머물며 몸조리를 할 사람도 가족이 아닌 시니어다. 따라서 시니어 환자의 성격과 살아온 가치관을 고려해 요양병원을 골라야 한다. 스탠퍼드 대학병원 부근의 제일 인기가 많은 요양병원도 1980년대 스타일로 꾸며져 있다. 그래야 미국의 어르신들이 집에 온 것처럼 익숙하게 느끼고 쉽게 적응하고 어울릴 수 있기 때문이다.

둘째, 간호사들끼리 친한 요양병원이 좋다. 요양병원은 영어로 '널싱홈nursing home'이라고 부르는데, 말 그대로 간호사들이 주가 되는 기관이다. 물론 의사가 모든 진료를 보긴 하지만 항시 거주하는 건 아니기에 의사보다는 간호사들이 환자를 대하는 태도와 그들 사이의 분위기를 파악해 선택하는 것이 좋다. 간호사들이 서로 긴밀한 관계를 유지하며 기쁘고 즐겁게 일하는 분위기여야, 환자들에게도 다정하고 친절히 대할 수 있지 않을까? 간호과장 선생님의 일하는 스타일과 성격도 중요하다. 엄숙하고 깐깐한 성격의 간호과장 아래서 간호사들이 꼼꼼하게 일 처리하며 환자를 돌보는 곳이 있는가 하면, 카리스마 있는 리더십으로 간호사들을 휘어잡는 간호과장 덕분에 협동심으로 똘똘 뭉쳐 요양병원을 운영하는 곳도 있다.

셋째, 식사가 맛있고 프로그램이 많은 요양병원이 좋다. 이 2가지를 충족한다면 환자 중심의 요양병원이라고 할 수 있다. 환자 간호와 재활은 기본이고, 다음으로 중요한 것은 환자 삶의 질이 아닐까? 맛있는 식사와 알찬 프로그램은 그만큼 해당 요양병원이 환자의 삶의 질을 위해 노력하고 있다는 증표다. 미국의 경우 요양병원 메디컬 디렉터가 매달 시니어 환자들을 만나며 빼놓지 않고 체크하는 것이 바로, 식사가 입에 맞는지와 특정 프로그램에 시니어 환자들이 얼마나 참여하고 만족하는지다. 이는 요양병원이 환자의 병을 치료하는 역할만 하는 게 아니라, 거주지의 역할도 하기 때문이다.

이 외에도, 자녀의 거주지와 가까워 서로 간 방문하기 용이하면 좋다. 일반병원이나 대학병원과 가깝다면 금상첨화다. 특히 환자나 보호자와 소통이 잘 되는지도 중요한데, 단 가족이나 간병인이 과하다 싶을 정도로 연락해 간호사들을 닦달하면 서로 힘들어지므로 필요할 때는 미팅을 예약해 적절히 소통하는 지혜가 필요하다.

가족이 요양병원에 들어갈 때 주의할 점

시니어 환자가 요양병원에 처음 들어갈 때 주의해야 할 몇 가지를 설명하고자 한다.

첫째, 요양병원에 처음 입소할 때는 환자에게 익숙한 애착 물건들을 챙기는 것이 좋다. 요양병원의 정책에 따라 다를 수는 있지만, 환자가 요양병원에 거부감을 갖지 않도록 평소에 애착을 가지고 있는 물건들을 함께 챙겨서 요양병원의 침대 머리맡에 놓아두자. 가족사진이나 자주 읽는 책, 종교 서적, 혹은 시니어가 머물던 방에서 자주 사용하던 용품이면 된다.

둘째, 잦은 방문으로 환자를 안심시킬 필요가 있다. 코로나 팬데믹으로 한동안 요양병원에 있는 환자를 방문하는 것이 금지되었을 때, 가족은 물론 시니어들도 굉장히 외로워하며 힘들어했다. 요양병원들도 환자의 가족이나 지인들의 방문이 얼마나 중요한지 충분히 알고 있다. 따라서 요양병원이 정한 방문일과 시간을 준수하여 가급적이면 환자를 자주 방문하자.

셋째, 요양병원의 사회복지사와 친해지자. 요양병원의 간호사들과는 비교적 여러 번 교류할 수 있기에 친분을 쌓기 쉽다. 하지만 가능하다면 사회복지사들도 알아두자. 환자들과 깊이 있는 대화부터 시작해 아주 사소한 일은 물론 어려운 일까지도 처리해 주는 고맙고 귀한 분들인 만큼, 종종 대화하며 친분을 쌓아가자.

넷째, 요양병원에서 할 수 있는 일과 할 수 없는 일을 잘 구분하고 이해해야 한다. 그래야만 특정 상황에서 환자를 다시 병원으로 보내야 하는지도 쉽게 결정할 수 있다. 예를 들어, 환자가 폐렴에 걸렸을 때 혈액검사나 폐 엑스레이 촬영, 항생제 투여, 심전도 같은 검사는 요양병원에서도 할 수 있지만, CT나 MRI 영상을 찍고 혈압과 호흡 상태를 수시로 체크하는 건 어려울 수 있다. 이때는 환자를 일반 병원으로 옮기는 것이 유리하다.

비결 6 요약

1. 시니어 환자는 입원하는 순간부터 퇴원을 준비해야 한다.

2. 입원 중에도 가급적이면 환자가 침대에만 누워 있지 않도록 최대한 많이 움직일 수 있게 도와야 한다.

3. 퇴원 후 2주 내에 주치의를 만나 입원 내용을 검토하면서 빠뜨린 것이 없는지 확인하라.

4. 섬망을 예방해야 일상으로 복귀하고 회복되는 속도가 당겨질 수 있다.

5. 요양병원은 환자의 기준에서 바라보고 선택해야 한다.

미국 상위 1% 부자들의 7가지 건강 습관

비결 7

삶의 마지막을
준비한다

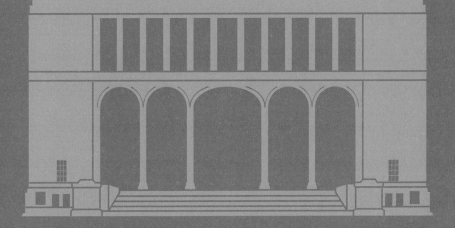

현재 운영 중인 유튜브 채널명 '99세까지 88하게'는 우리나라에서 한때 건배 구호로 인기였던 "9988234!"에서 힌트를 얻어 지었다. 많은 사람이 이미 알고 있겠지만, 99세까지 팔팔(88)하게 살다가 2~3일만 아프고 죽었으면(4, 死) 좋겠다는 뜻이다. 여기서 짐작할 수 있듯 많은 이가 오래 살다가 짧게 아프고 세상을 뜨길 원한다. 2~3개월도, 2~3년도 아니다. 100세 가까이 살다가 가망이 없는 상태가 되었을 때 불필요한 연명치료를 받고 싶어 하는 이도 없는 듯하다. 당신은 어떤가?

인간의 탄생과 죽음이 어찌 원하는 대로 되겠냐마는, 적당한 운동으로 몸과 마음의 근육을 만들고 두뇌를 관리해 낙상과 치매, 암을 예방하고 필요한 약을 적절하게 복용하고 시의적절하게 건강검진을 받으면서 병원을 잘 사용해 독립성을 유지한다면, 불가능한 꿈만은 아닐 것이다. 이번 장에서는 '234!' 즉 짧게 아프다 생을 마감하는 방법에 대해 이야기하고자 한다.

대한민국의 의료 기술은 이미 상당한 수준에 이르렀지만, 죽음에 다다른 임종기 환자를 돌보는 시스템은 미비한 것이 사실이다. 이 모든 문제의 핵심에는 가족에 의한 '연명치료 대리 결정' 문화가 있다. 한국인 중 대다수는 환자의 마지막 치료에 대한 결정을 환자 본인이 아닌, 남은 가족이 하는 것을 당연하게 생각하는 것 같다. 심지어 자녀들은 마치 그것이 부모님께 마지막으로 효도할 수 있는 기회라고 여기는 게 아닐까 생각될 정도다. 시니어 환자가 사전의료의향서를 준비하려고 하면, 자녀들이 한결같이 섭섭해하면서 "우리가 다 알아서 해드릴 텐데, 괜한 일을 하신다"며 반응할 때가 많기 때문이다.

죽음은 누구에게나 공평하게 찾아오며 그 누구도 피할 수 없다. 죽음의 문턱에 다다르기 전 어떻게 준비하느냐에 따라 삶이 아름답게 마무리될 수도 있고, 우왕좌왕하다 정신없이 마침표를 찍을 수도 있다. 그렇다면 스탠퍼드 시니어 클리닉의 시니어들은 어떻게 자신의 죽음을 준비하며 남은 가족들과 대화를 나눌까?

미국 상위 1% 부자들의 7가지 건강 습관

아름다운 마무리

인간의 탄생과 죽음. 둘의 공통점이라면 한 번뿐이라는 게 아닐까? 두 번 태어난 사람도 두 번 죽는 사람도 없으니 경험을 통해 '노하우'를 쌓을 기회가 없다. 우리가 할 수 있는 일이라곤, 인간의 탄생과 죽음을 비교적 많이 겪고 지켜본 사람에게 지혜를 구하는 것뿐이다. 그런 노하우와 지식을 구할 수 있는 사람 중 하나가 의사일 것이다.

사실, 본인의 죽음은 혼자서 준비하기 어렵다. 무엇보다 한 번 선택하면 돌이킬 수 없는 중대한 결정이 많은 만큼 의사로부터 충분한 설명을 직접 들을 필요가 있다. 그러니 이번 장의 사례와 내용을 길라잡이 삼아 다가올 미래를 준비하길 바란다.

삶의 마지막, 즉 죽음을 준비하는 것도 은퇴 이후의 삶을 준비하는 것처럼 생각해 보자. 죽음도 사실은 삶이라는 여정에서 은퇴하는 것이나 다름없기에, 제대로 준비하면 얼마든지 아름다워질 수 있다. 특히 여러 연구 결과로 밝혀졌듯, 사전 의료 계획을 철저히 세우면 삶의 질과 만족도가 올라가고, 본인이 원하는 곳에서 마지막 나날을 보낼 수 있으며, 원치 않을 경우 연명치료도 받지 않고, 불필요한 입원도 막을 수 있다.

삶의 마지막을 준비하며 하루하루 '나의 마지막 순간과 장례식에 어떤 사람들이 참석하게 될까?' '그들은 내 삶을 어떻게 평가할까?'

등을 생각하며 산다면, 여생의 목적이 뚜렷해질 뿐만 아니라 더욱 가치 있는 일에 시간을 쓰며 살게 될 것이다. 나 역시 노년내과 전문의로서 수많은 어르신과 마지막 삶의 여정에 관해 대화하면서 배운 것이 참 많다. 사랑하는 이들과 헤어져야 하기에 슬프고, 또 한 번도 경험하지 못한 죽음 이후의 세계가 두렵기도 할 것이다. 따라서 할 수만 있다면 직면하기 힘든 마지막을 앞둔 시니어 여러분과 가족을 돕고 싶다.

두 환자 이야기

2016년 12월의 어느 날 새벽, 한 젊은 여성이 UCLA 대학병원 응급실에서 위기 상황을 넘기고 이송되어 중환자실에 입원했다. 하지만 안타깝게도 그녀는 1시간도 채 안 되어 생을 마감하고 말았다. 전신 홍반성 루푸스를 심하게 앓고 있던 그녀는 병원에 오는 걸 거부했고, 끝내 위급한 상태로 응급실에 도착했을 땐 손 쓸 수 있는 부분도, 시간도 없었다. 그녀의 사망 소식을 들은 가족들은 충격에 휩싸였고 몇 시간을 애끓는 오열만 토했다. 살아갈 날이 창창했던 젊은이의 사망 소식이었기에 더욱 그랬으리라. 하지만 나이가 많다고 해도 준비되지 않은, 예측할 수 없던 죽음은 모든 가족에게 똑같이 받아들이기 어려운 일이다.

2018년 어느 봄날, 스탠퍼드 시니어 클리닉에 한 통의 편지가 도착했다. 편지를 보낸 이는 치매 진단을 받고 꽤 장기간 내게 진료를 받았던 시니어 환자의 딸이었다. 그녀는 그간 자신의 어머니를 친절히 진료해 주었던 것에 대한 감사의 인사말과 함께 어머니가 마지막 순간 얼마나 평화롭게 호흡하셨는지, 어머니의 장례식엔 어떤 사람들이 참여해 함께 고인을 추모했는지 등을 편지에 적었다. 치매 합병증으로 어르신의 건강이 점점 악화되기 시작할 때 나는 삶의 마지막을 어떻게 하면 가장 의미 있게 보낼 수 있을지 상담했고, 그 과정과 내려야 하는 결정들에 대해 환자와 충분한 의견 일치를 보았다. 또한 어르신께도 미리미리 가족들과 진솔한 대화를 나누길 권했다. 이처럼 준비가 되고 이별이 예측되었던 덕인지 남은 가족들도 그나마 위안을 얻은 게 아닐까 싶다.

이런 사례에서 알 수 있듯, 암 또는 치매 같은 악성 만성질환 진단을 받았을 경우에는 치료를 받으면서도 수시로 의료진과 대화를 나누면서 자신의 다가올 죽음을 준비해야 한다. 물론 의사가 삶을 어떻게 마무리하는 것이 가장 좋은지에 관해 정답을 알려줄 순 없다. 환자도 자신의 죽음을 막아달라고 의사에게 무작정 애원할 수도 없다. 다만 대화를 통해 우리는 삶의 가장 아름다운 마지막을 준비할 수 있다.

생의 마지막 단계에서 생각해야 할 것들

삶에서 어떤 것을 가장 중요하게 생각하는지는 사람마다 다를 것이다. 사람마다 다른 것은 물론, 나이나 시기에 따라 다를 수도 있다. 학령기엔 그야말로 꿈이나 진로를 위한 학업, 청년기엔 취업이나 결혼, 장년기엔 자신의 커리어를 쌓거나 자녀 양육을 최우선 과제로 삼고 힘을 쏟을 것이다. 이를 보건대, 중년기와 노년기에 삶의 우선순위가 변할 수 있다는 것을 짐작할 수 있을 것이다. 따라서 삶의 마지막 단계에 이르렀을 때, 본인이 가장 중요하다고 생각하는 것이 무엇인지 정리하고, 이를 완수하는 데 시간과 에너지를 투자할 필요가 있다.

사실 이러한 질문은 다소 철학적인 것이라 접근하는 방법도 여러 가지일 수 있다. 다만 이 책에서는 '건강'이란 주제에 집중해 보려 한다. 지금까지 수많은 의료진과 연구진 들이 고심한 끝에 다소 무겁고 딱딱한 연구 결과들을 책으로 출간한 것도 사실이지만, 나는 환자의 입장을 신중히 고려하고 좋은 답을 이끌어 내기 위해 노력한 흔적이 다분해 보이는 2016년 UCSF 의과대학의 '나를 돌보는 준비prepare for your care'를 소개하고자 한다. 실제로 이는 미국 전역에서 흔히 사용되는 양식이기도 하다.

첫 번째 생각해야 할 것은, 내 삶에서 가장 중요하다고 보는 것이 무엇인가 하는 것이다. 다음 항목 중 자신의 생각과 일치하는 것에

미국 상위 1% 부자들의 7가지 건강 습관

체크하고 다음 질문으로 넘어가자. 단, 정답이 있는 것이 아니다. 또 사람마다 생각이 다를 수 있기에 남의 눈치를 볼 필요 없이 편하게 고르되, 여러 항목을 선택하는 것도 가능하다.

- 나의 가족 ·· ☐
- 취미생활과 여가활동 ··· ☐
- 일 또는 자원봉사 ·· ☐
- 자신을 스스로 돌볼 수 있는 독립성 ······················· ☐
- 가족에게 부담을 안기지 않는 것 ··························· ☐
- 종교적 신념 ··· ☐
- 기타(   ) ······························· ☐

여러 항목 중 몇 가지를 선택하는 것이 다소 어렵게 느껴진다면, 어떤 것이 본인에게 참된 기쁨을 주는지 떠올려보라. 현시점 어떤 것이 생의 원동력이 되고 있는지 생각해 보는 것도 좋다. 많은 사람이 으레 가족이 우선이라고 말하지만, 가족이 없는 사람도 있고, 그보다 더 가치 있는 무언가가 있는 사람도 있을 수 있으니 자신이 평범하지 않을까 봐 신경 쓸 필요는 없다.

두 번째로 생각해야 할 것은, 남은 삶에서 본인의 건강과 관련해 어떤 기준과 가치관을 가지고 있는지이다. 누군가는 생명 연장을 위해 의료 기계에 힘입어야 한다 하더라도, 가능한 한 가족이나 지인 곁에 오래 머무는 것을 가장 원할 것이다. 그런가 하면, 가족이나 친구들과 대화할 수 없고 뚜렷한 의식이 없는 상태에서 생명만 연장하는 것은 의미 없다고 생각하면서, 몸과 마음이 편안한 삶의 질을 위해 자연사하길 원하는 사람도 있다.

'삶의 질'에 만족하는 수준도 개인마다 다를 수 있다. 중요한 것은 본인이 어느 정도의 삶에 만족할 수 있는지 생각해 보는 것이다. 다음 항목 중, 본인이 생을 마감하기 전 어떤 상황에 놓였을 때 삶의 질이 가장 저하될 것 같은지 체크해 보라. 중복선택도 가능하다.

- 혼수상태에서 깨어날 수 없거나 친지들과 대화할 수 없는 상황 … ☐
- 기계에 의존하지 않으면 살 수 없는 상황 …………………… ☐
- 중증 치매 같은 질병으로 자발적으로 생각할 수 없는 상황 ……… ☐
- 스스로 먹거나, 씻을 수 없는 등 자신을 돌볼 수 없는 상황 ……… ☐
- 독립 생활이 어려워 요양원이나 양로원에 가야 하는 상황 ……… ☐
- 지속적이고 심각한 통증과 고통이 있는 상황 …………………… ☐
- 기타(   ) …………………… ☐

항목들을 읽으며, 이런 상황이 되면 사는 게 의미가 없겠다는 생각이 들 수도 있고, 혹여 이런 상황과 어려움에 처한다고 해도 가능하면 오래 살고 싶다는 생각이 들 수도 있다. 환자의 생각이 어떠하든 의료진들은 그 의견을 반영하고 존중해 안내할 것이다.

세 번째로 생각해야 할 것은, 생의 마지막 순간 의료 결정을 해야 할 때 어떤 방식으로 하길 원하는지이다. 본인이 직접 결정하고 싶어 하는 사람도 있고, 일단 다른 사람의 조언을 듣고 결정하길 원하는 사람도 있으며, 타인이 자신을 대신해 결정해 주길 원하는 사람도 있다. 알아두어야 할 것은, 마지막 순간의 의료 결정은 의료진이 환자를 대신해 내려줄 수 없다는 것이다. 의료진의 역할은 의사결정에 도움이 되는 정보들을 충분히 제공하는 것이다.

지금까지 이야기한 이 3가지는 꼭 미리 생각해 두어야 한다. 삶의 마지막 순간 본인이 혼수상태일 수도 있고, 치매 말기로 결정을 내릴 수 없는 상황에 놓일 수도 있다. 그때 당신을 대신해 누군가가 어떤 결정을 내려야 할 때 당신이 미리 생각하고 알려준 이 3가지

가 결정에 큰 도움이 될 것이다.

이 외에도 마지막 순간 환자를 대신해 어떤 결정을 내려야 할 때 환자의 평소 가치관을 확인할 수 있는 항목도 있다.

- 나는 신체적으로 극심한 통증과 고통의 상황에 놓인다고 해도, 항상 살 만한 가치가 있다고 생각한다. ………………………………… ☐
- 혼수상태에서 깨어날 가능성이 있거나, 가족 혹은 친구와 대화할 수 있는 경우에만 살 만한 가치가 있다고 생각한다. ……………… ☐
- 나는 삶의 마지막을 내 집에서 맞이하고 싶다. ………………… ☐
- 나는 삶의 마지막을 병원이나 요양원에서 맞이하고 싶다. ……… ☐

의학적 치료 대리인

평소 진료를 맡았던 한인 시니어 환자가 건강이 악화되어 병원을 찾아오셨다. 어르신은 근처에 살던 작은딸에게 연락해 자신은 연명 치료는 원하지 않는다며, 마지막 순간에 이르면 편안하게 눈을 감을 수 있게 해달라고 당부했고 딸도 어머니의 부탁을 받아들였다. 하지만 몇 시간 후, 멀리 살고 있던 큰딸에게서 연락이 왔다. 수화기 너머로 그녀는 울먹이며 말했다.

"선생님, 저희 엄마 무조건 살려주세요. 꼭 살려주셔야 해요!"

어르신의 맏딸은 자신의 여동생에게 어떻게 엄마를 포기할 수 있느냐며 다그쳤고, 어머니의 다다른 죽음 앞에서 자매들은 서로에게 상처를 주고 있었다. 누구의 말이 맞는가, 어쩌다 이런 상황이 벌어진 것인가? 연명의료와 관련해 부모가 평소 자녀들과 대화를 나눈 적이 없을 경우 흔히 벌어질 수 있는 일이다. 생애 마지막 순간을 앞둔 어머니에 대한 두 딸의 가치관이 너무 달라 격돌한 것이다. 만약 어르신께서 평소 자신의 확실한 가치관을 자녀들 모두에게 밝혀두었다면 이 마지막 결정이 얼마나 쉽게 이루어졌을지 생각해 보라. 비단 자녀나 배우자뿐 아니라, 의학적 치료 대리인일 경우 미리 환자의 의사를 정확히 알고 있어야 하는 것도 이 때문이다.

문제는, 대부분의 자녀가 이러한 내용을 미리 숙지해 연명치료에 대한 부모의 의사를 묻지 않는다는 것이다. 사실 살아계신 부모 앞에서 이런 대화 주제를 꺼내는 것조차 자녀 입장에서는 굉장히 어려울 수 있다. 그럼에도 불구하고 이는 부모들이 반드시 해야 할 인생 교육이며, 성인 자녀들도 반드시 풀어야 할 숙제다. 부모들 또한 그들의 부모가 돌아가실 때 겪어본 문제가 아닌가. 삶의 마지막 순간을 미리 준비하며 가족들과 대화하는 것은 아름다운 일이며, 결국 남은 가족 구성원에게 도움이 되는 일이라는 걸 기억하자.

대화를 나눌 때는 앞서 말한 상황들을 정확히 이해하고 본인의 의사를 정확히 밝혀 전달해야 한다. 간혹, 인공호흡기를 다는 것 자체를 연명치료로 오해하는 분들이 많다. 확실히 말하지만, 인공호흡기를 시도하는 자체가 연명치료는 아니다. 무릎 수술 시 인공호흡기를 잠시 사용했다 뺄 수도 있고, 호흡 곤란으로 인공호흡기를 며칠 사용하다가 폐 기능이 호전되어 이를 제거할 수도 있다. 다만 인공호흡기에 의존한 지 몇 주가 지나도 증상이 악화되기만 하는데 계속 인공호흡기를 사용한다면, 그저 기계에만 의존해 임종 기간만 연장하는 셈이 되는 것이다. 그러니 연명치료의 의미를 정확히 아는 것이 중요하다. 자신이 진정으로 원하는 마지막이 무엇인지 구체적으로 생각하고 확실하게 전달해야 한다. 남은 가족과 지인에게 혼란의 여지가 있는 메시지를 전하게 되면, 결국 자신의 의사에 반하는 치료를 받게 될 수 있기 때문이다.

또한, 마지막 순간이 닥치면 자녀들이 이성적으로 판단하기 어렵다는 사실을 기억하고 미리 대화를 나누자. 자녀가 '우리 엄만데, 내가 무엇이든 해야지' 혹은 '우리 아빠는 언제나 도전적이셨고 삶에 대한 의지가 강하셨어. 그러니 어떻게든 살고 싶어 하실 거야' 같은 생각을 하게 된다면 환자의 의지와 상관없이 연명치료가 진행될 수 있다. 자녀들에게 그런 감정이 북받쳐 올라오더라도 본인의 의사를 존중해 주길 당부해 두어야 한다.

의학적 치료 대료인으로는, 스스로 의사결정을 하지 못하게 될 경우 본인을 대신해 의학적 치료를 선택해 줄 사람을 지명하면 된다. 배우자나 자녀, 가까운 친구를 고르는 게 보편적인데, 만약 가족이 없거나 지인이 그런 결정을 내리길 원하지 않는 경우엔, 타인을 법적으로 지정해 놓을 수도 있다. 또 마음에 정한 의학적 치료 대리 당사자에게도 대리인 역할을 해줄 수 있는지 미리 물어봐야 한다.

이때, 대리인이 환자의 의사를 얼마나 유연하게 해석할 수 있도록 허락할 것인지도 정해야 한다. 어느 시점에 주치의가 환자에게 더 나은 상황이 있다고 생각할 경우, 다음 3가지 중 본인의 생각은 어느 쪽에 가까운지 대리인과 미리 이야기해 두는 것이 좋다.

- 본인 의사와 달라도 대리인이 유연하게 결정을 바꿀 수 있다. ······ ☐
- 본인의 결정 중 일부는 몰라도 특정 의사는 바꾸면 안 된다. ········ ☐
- 본인이 내린 결정은 대리인이 결코 바꿔서는 안 된다. ·············· ☐

심폐소생술과 인공호흡기

아무리 죽음이 예측된 상황이라고 해도, 환자가 응급상황에 처하게 되면, 의료 대리인들도 황급한 사안을 두고 판단이 흐려져 여러 중요한 결정을 제대로 내리지 못할 수 있다. 따라서 마지막을 앞둔 환자에게 어떤 결정이 필요한지 알아둘 필요가 있다. 응급상황 시 결정해야 할 2가지는 심폐소생술과 인공호흡기 사용이다. 사실 이 문제는 주치의나 입원한 병원의 담당의와 상의하면 되지만, 관련해서 좀 더 자세히 알아보자.

먼저, 심폐소생술이다. 만약 공원에서 운동하던 누군가가 갑작스럽게 심장마비로 쓰러졌다고 하자. 그렇다면 주위 사람들이 119에 연락할 것이고 얼마 후 도착한 구조대원이 심폐소생술을 하며 그를 병원으로 이송할 것이다. 이를 보면 환자에게 심폐소생술을 하는 것이 당연해 보일 것이다. 이처럼 심폐소생술은 모든 위급한 사람에게 보편적으로 시행된다. 하지만 심폐소생술이 허용되지 않는 특별한 경우도 있다. 이를테면, 말기 암 진단을 받고 여러 항암치료를 받고 있는데도 전혀 호전되는 않을 때 환자는 본인에게 심정지가 왔을 때 심폐소생술을 거부하겠다고 결정할 수 있다. 심정지가 오면 자연사하게 되는 것이다. 무의미한 연명치료를 거부할 수 있는 환자의 권리인 셈이다.

인공호흡기는 어떤가? 만약 시니어 환자가 너무 숨이 차고 호흡이 어려워 병원에 갔는데, 산소마스크를 써도 큰 효과가 없다면, 바로 그다음 단계인 인공호흡기를 사용하게 된다. 인공호흡기를 사용하여 환자의 폐를 치료하니 상태가 한결 좋아진다면 인공호흡기를 제거할 수 있다. 이렇게 인공호흡기를 시도하는 것까지는 괜찮다. 하지만 인공호흡기를 달았는데도 폐 기능이 호전되지 않거나 여전히 숨쉬기가 곤란해 인공호흡기를 빼지 못하게 되는 상황이 온다면 어떻게 하겠는가? 사실 이렇게 되면 대부분의 환자는 코마 상태가

미국 상위 1% 부자들의 7가지 건강 습관

되므로 의사결정을 내릴 수 없게 된다. 이때가 바로 법적 의료 대리인이 결정을 내려야 하는 순간이다.

평소 환자가 연명치료에 대한 거부 의사를 확실히 밝힌 상황이라면, 인공호흡기를 제거해야 한다. 하지만 인공호흡기 사용을 중단하자는 것은 왠지 그 사람을 죽게 내버려 두는 결정처럼 느껴질 수 있다. 특히나 의료 대리인의 감정이 격해져 환자를 위해 최선을 다하고 싶은 마음이 커지는 바람에 환자가 연명치료를 하게 되는 경우도 종종 보았다.

이러한 만일의 사태에 대비해 평소에 대리인과 충분히 대화해야 한다. 대리인이 환자의 배우자나 자녀처럼 가까운 가족이라면 환자 본인이 먼저 대화를 꺼내는 것이 좋다. 만약 인공호흡기에 의존해 호흡하게 되었는데 의사가 예후가 좋지 않다며 치료 가능성도 낮게 본다면, 인공호흡기 사용을 중단해 달라고 의뢰해 두는 것이다.

사전연명의료의향서

사전事前연명의료의향서는 본인이 향후 임종 과정의 환자가 될 때를 대비하여 연명의료 및 호스피스hospice에 관한 의향을 작성한 문서다. 19세 이상의 성인이라면 누구나 작성할 수 있고 미국에서는 공증을 통해 법적인 효력이 인정되기도 할 만큼 널리 사용되고 있

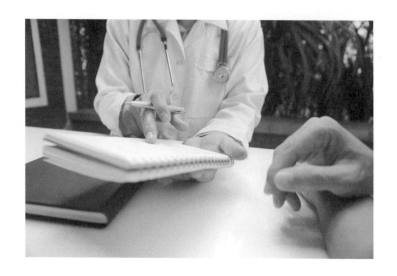

다. 반면 우리나라에서는 보편적으로 사용되고 있진 않은데, 국민건강보험공단이 교육을 시작하면서 그 사용이 점점 늘고 있는 추세다. 환자가 의식이 있을 경우엔 본인의 가치관과 판단에 따라 결정을 내리면 되지만, 의식이 없다면 어떤 중요한 의료 결정을 내리기 어려우므로 사전연명의료의향서가 존재한다면 진료 결정에 큰 도움이 된다.

만약 사전연명의료의향서를 작성하고 싶다면 반드시 보건복지부의 지정을 받은 사전연명의료의향서 등록기관에 방문하여 충분한 설명을 듣고 해야 한다. 등록기관을 통해 작성 및 등록된 사전연명의료의향서는 연명의료 정보처리시스템의 데이터베이스에 보관되어야만 법적 효력이 인정되기 때문이다.

다만 사전연명의료의향서가 없을 경우에는 환자가 의식이 있고 이성적 판단이 가능한 시기에 미리 그의 뜻을 서면으로 받아둘 수 있는데, 그것이 '사전의료지지서'이다. 환자가 본인이 의식이 없어질 경우 인공호흡기를 사용할 것인지, 중환자실에 입원할 것인지, 심폐소생술을 할 것인지에 대한 의사를 미리 적어두는 것이다. 사실 막상 지지서를 작성하려고 하면 어쩐지 무섭기도 하고 떨리기도 할 것이다. 다만 사전의료지지서가 있으면 임종 직전 발생할 수 있는 여러 혼란을 방지하여 사실상 중대한 결정 앞에 남은 가족이나 친구의 부담을 덜어줄 수 있고, 환자의 뜻과 결정에 따라 더욱 존엄한 죽음을 맞을 수 있다는 점을 기억하자.

생애 마지막 며칠

누구나 살면서 '나는 어떻게 죽게 될까?' 같은 생각을 해본 적이 있을 것이다. 하지만 사람이 어떻게 사망하게 되며, 생애 마지막 며칠 동안 어떤 증상들이 나타나는지, 또 이러한 증상을 완화하려면 어떻게 치료하면 되는지 등은 대다수의 사람이 모를 것이다. 이를 알아두는 것도 아름다운 마지막을 준비하는 데 도움이 될 것 같아, 전반적인 이야기를 해보려고 한다.

우선, 생의 마지막 며칠에 접어든 환자는 신체적으로 돌봐야 할

부분이 많아진다. 보통은 요양병원 또는 병원에서 호스피스 의사가 치료를 담당하며 임종이 다가올 때까지 환자를 살피고 호스피스 간호사가 보호자에게 무슨 일을 하고 어떤 상황을 고려해야 하는지 등을 추가적으로 알려준다.

호스피스의 궁극적인 목적은 임종이 가까운 환자가 편안한 몸과 마음으로 최대한 긍정적인 기분과 충만한 기쁨을 누릴 수 있게 하는 것이다. 환자가 고통스러워하거나 불안해할 때 의사에게 이야기하면 적절한 약물로 해당 증상이 완화되도록 도와준다. 약물이 몸에 해롭지 않을까 걱정하기보다 환자가 약물의 도움을 받아서라도 고통 없이 생의 마지막을 보낼 수 있게 도와야 한다.

여기서 잠깐!

호스피스에 관한 Q&A

Q _ 호스피스란 무엇인가?

A _ 호스피스는 죽음을 앞둔 환자가 편안한 임종을 맞도록 돕는 특수 병원 같은 시설을 뜻하기도 하고, 말기 환자의 육체적 고통을 덜어주기 위한 치료와 심리적, 종교적 지원으로 환자가 인간적인 마지막 삶을 누릴 수 있게 돕는 일을 하는 사람을 의미하기도 한다.

Q _ 호스피스는 나쁜 게 아닌가?

A _ 호스피스의 기본 철학은 인간의 죽음을 삶의 마지막 단계로 받아들이지만 그렇다고 죽음을 서두르거나 연기하려고 하지 않는다는 것이다. 그런데 사람들 중에는 호스피스를 시작한다고 하면 그저 환자를 죽게 내버려 두는 것으로 생각하는 이도 있는 것 같다. 적극적인 치료는 아니어도, 임종 전에 겪을 수 있는 각종 신체적 고통과 증상을 완화시켜 환자가 불편하지 않게 돕는 일이라고 생각하면 된다. 중요한 것은 보호자의 관점이 아닌, 환자의 관점에서 보는 것이다. 의료진은 예후가 좋지 않다고 말하고 환자 역시 너무 힘들어하는데, 그저 가족들이 무조건 살려내라며 치료만 요구한다면 어떻게 하겠는가? 이 상황을 환자의 관점에서 바라보아야 한다. 오히려 병동에서는 환자가 편하게 눈을 감을 수 있도록 고통을 완화시켜주고 돌봐준 호스피스 의료진에 감사를 표하는 유가족과 보호자 들도 많다.

Q _ 호스피스는 언제 시작해야 하나?

A _ 환자가 호스피스에 들어가려면, 적어도 두 명의 의사가 환자에게 호스피스가 적합하다는 소견을 내주어야 한다. 그래서 보통은 평소 환자가 신뢰하고 본인의 치료를 맡겨왔던 주치의와 호스피스 전문의가 환자에게 호스피스가 필요한지 그 적절성을 평가하게 된다. 호스피스가 필요하다고 보는 진단명은 많지 않은 데다 자주 바뀌기도 하기에, 현재 건강 상태가 우려된다면 의료진과 상의하는 게 좋다.

Q _ 호스피스를 시작하려면 어디에 입원해야 하나?

A _ 이 역시 호스피스에 대한 오해에서 비롯된 질문이다. 호스피스는 '의료 서비스' 개념으로 이해해야 한다. 집에서 돌봐줄 사람이 있다면 가정 호스피스를, 그렇지 않다면 요양병원이나 일반 병원에서 병동 호스피스를 진행할 수 있다.

환자는 임종이 가까워질수록 증상이 더욱 뚜렷해지고 잠이 많아질 수 있다. 이에 따라 환자 역시 주변에서 일어나는 일들을 잘 인지하지 못하고 어떤 일에 집중하거나 참여하는 것을 힘들어할 것이다. 설문조사에 따르면, 많은 환자가 병원보다는 집에서 마지막 시간을 보내는 걸 선호한다. 따라서 가급적이면 환자가 머무는 공간은 익숙하고 더욱 아늑하게 만드는 것이 좋다. 최악의 환경이 바로 병원 같은 분위기다. 간병을 핑계로 약병과 보조도구, 치료 관련 기구들이 곳곳에 널려 있다면 최대한 서랍이나 옷장 등 보이지 않게 정리해 환자가 마음을 편히 가질 수 있게 해야 한다.

임종이 가까워도 얼마든지 삶의 질을 높일 수 있다. 환자가 깨어 있는 시간에는 가급적 지속적으로 관심을 가지고 의욕을 가질 수 있는 환경을 조성하는 게 좋다. 예를 들면, 평소 좋아하던 라디오 프로그램을 틀어두거나 사진 앨범이나 옛 편지들로 소중하고 아름다운 지난날을 추억할 수 있게 하는 것이다. 이처럼 환자가 즐길 수 있는 적절한 여가활동을 마련하는 것이 좋다. 환자가 원한다면 지인과 가족이 짧게라도 방문할 수 있게 하자. 단, 방문 시간이 너무 길어지면 환자가 지칠 수 있으니 주의하고, 만약 방문 약속 당일에 환자가 기력이 없어 보이면 계획을 취소하는 것이 옳다. 또한 환자의 신앙에 따라 종교적 지지를 받는 것도 매우 중요하다.

시간이 갈수록 환자의 의식은 점점 흐릿해질 것이다. 하지만 청각은 가장 마지막까지 살아 있는 감각이라고 하니, 부디 마음이 편안하고 안정될 수 있게 낮고 차분한 목소리로 말하는 게 좋다. 좋은 책과 글귀를 읽어주거나 좋아하는 음악을 틀어주거나 그저 조용히 앉아서 손을 잡아주거나 피부를 부드럽게 쓰다듬어주면서 마지막 순간을 환자와 함께할 수도 있다. 환자 역시 누군가가 자신의 곁에 있다는 것에서 큰 위안을 얻을 것이다.

환자 대부분은 임종 전 마지막 몇 시간을 고요하고 평온하게 보낸다. 최후의 시간이 다가올수록 주위의 가족들도 환자의 죽음이 임박했다는 신호를 인식할 것이다. 기력은 한층 쇠약해지고 잠도 더 오랜 시간 잘 것이다. 의식이 들락날락하고 깨어 있어도 말을 하고 싶어 하지 않거나 말을 하지 못할 수도 있다.

정말 최후의 마지막 순간이 도래하면, 환자의 호흡 패턴이 변한다. 호흡이 느려지고 불규칙해지는 것이다. 또 입안에 여분의 분비물이 모여 거품이 생기거나 소리가 날 수도 있는데, 이때 환자는 이를 쉽게 삼키거나 기침으로 내뱉지 못한다. 사실 이것이 환자에게는 전혀 괴로운 일이 아닌데, 이를 보고 듣는 가족들은 마음이 힘들

수 있다. 점차 환자의 호흡이 멎는 간격이 길어지고, 호흡 시 가슴 근육보다 복부 근육이 더 많이 움직이는 것처럼 보일 것이다. 그리고 마침내, 환자의 호흡이 완전히 멈춘다. 이 과정은 오래 걸릴 수도 있고, 생각보다 빨리 끝날 수도 있어서 정확히 예측하기 어렵다. 다만 환자가 호흡을 멈추고 나면, 몸과 얼굴의 근육이 이완되면서 매우 평화로워 보일 것이다.

이 글을 읽으며 당신은 삶의 마지막 순간을 간접적으로나마 미리 경험했다. 어떤 생각이 드는가? 마지막 순간을 잘 준비해야겠다, 남은 가족에게 어떤 작별 인사를 해야겠다는 생각이 들었길 바란다.

그동안 환자를 돌봤던 가족이나 간병인의 마음도 헤아릴 필요가 있다. 환자를 돌보는 시간이 얼마나 오래되었든, 그래서 이미 충분히 예상한 죽음이었든 상관없이 실제로 간병해 온 환자가 세상을 뜨는 일은 큰 충격을 안긴다. 그 순간은 가족과 간병인들이 가장 두려워한 순간일 수도, 환자의 고통을 간접적으로 겪는 간병의 괴로움이 끝났다는 안도감이 깃드는 순간일 수도 있을 것이다. 따라서 간병인의 감정과 기분, 기억들을 헤아려 그들의 슬픔이 진정될 수 있게 모두가 노력해야 한다. 만약 자신이 간병인이라면 함께 있는 사람에게 위로와 지지를 받고, 곁에 아무도 없다면 누군가에게 전화를 하거나 시간을 내 만나서라도 충분히 마음을 털어놓고 위로를 받아야 한다.

이처럼 한 사람의 삶은 대단히 소중하며, 그 죽음도 대단한 것이다. 그저 "나이 들었으니 대충 살다가 빨리 죽어야지!"라고 말하는 어르신들도 많지만, 이번 장을 통해 삶의 소중함을 다시 한번 생각하면서 하루하루 주어진 시간을 아끼고 삶의 원동력이 되는 주변 사람들에게 친절과 사랑을 베풀며, 마지막을 잘 준비해야겠다는 생각이 들었으면 한다.

비결 7 요약

1. '올 때는 순서가 있어도 가는 데는 순서가 없다"라는 말이 있다. 삶의 마지막을 준비하기에 이른 시점은 절대 없다.

2. 환자와 의료진의 목표와 생각이 일치할 때 가장 만족스러운 삶의 마지막을 준비할 수 있다.

3. 본인에게 솔직해져 나 자신에게 가장 소중한 것이 무엇인지, 어떤 마지막을 맞이하고 싶은지 신중하게 생각하라. 그렇게 하다 보면 사전연명의료의향서든 사전의료지지서든 자연스럽게 정리할 수 있을 것이다.

4. 만약 자녀를 본인의 임종 전 의학적 치료 대리인으로 지정했다면, 반드시 대화 주제를 먼저 꺼내서 자녀들에게 명확하고 확실히 의사를 전달하라.

5. 임종의 순간 어떤 일이 일어날지 직면하고 준비하면, 더욱 의미 있고 목적이 있는 삶을 살게 될 것이다.

7가지 건강 습관을 갖춘다면

2023년 1월, 70대 후반의 여성 환자가 LA 한인타운 오피스에 처음 방문했다. 어르신은 만성 허리 통증과 불면증으로 고생 중인데 주변 사람들이 하도 우리 병원을 추천하기에 한번 와봤다고 했다. 진료하며 허리 통증의 원인인 엉덩이 근육을 찾고 증상 개선을 위한 스쾃 운동을 가르쳐드렸다. 또 불면증 속에 숨겨진 노년기 우울증을 발견해 숙면을 취할 수 있는지 몇 가지 방법을 소개하는 한편, 지금 복용 중인 약과 복용해야 할 약에 관해 하나하나 알려드리면서 약 한 가지를 시작하고 끊는 데도 매우 신중해야 한다는 것과 복용하는 방법에 관해서도 자세히 설명해 드렸다. 그런데 그 어르신이 갑자기 눈물을 흘리시는 게 아닌가.

느닷없는 상황 전개에 당황한 내게 어르신과 같이 오신 80대 남편분이 말씀하셨다. "이렇게 세심하게 봐주고 진심을 다해 진료하니 다들 그렇게 추천했던 거군요."

이런 말을 들을 때, 나는 가장 큰 보람을 느낀다. 물론 가끔은 '스탠퍼드 대학병원에 남았다면 멋진 교수 타이틀을 이력서에 넣었을 텐데'라는 생각을 할 때도 있다. 하지만 나의 사람들, 이런 한인 어르신들을 돌봐 드리며 감사의 인사를 짧게라도 듣게 되면 그런 아쉬운 마음도 자취를 감춰버린다.

시니어 환자를 만나 이 정도로 세심하게 진료하려면 꼬박 20분 이상이 걸린다. 노년내과 스타일의 진료가 원래 그렇다. 이날 찾아온 어르신이 오랜 기간 통증에 시달리며 질병이 해결되지 않았던 것도, 예전 일반내과 주치의의 잘못은 아니다. 이런 노인성 질환의 경우 사실상 일반내과에서 감당하기 어렵다. 결국 전문과를 제대로 찾아오신 덕분에 제대로 된 치료를 시작할 수 있었던 것이다.

또 다른 진료실 문을 열었더니, 대기 중이던 어르신 환자가 나를 반겨주셨다. 그 역시 70대 초반의 여성 환자로 얼굴을 뵌 지 3년이 넘은 분이셨다. 어르신과의 첫 만남이 갑자기 떠올랐다. 계속되는 허리 통증과 불면증 그리고 노년기 우울증까지. 그렇다. 앞선 환자와 거의 흡사한 증상을 호소하셨었다. 하지만 지난 3년 동안 몸과 마음을 치료받으신 이 어르신은 한층 밝아지셔서 오히려 다른 이들을 챙기고 돌보는 사람으로 변화했다. 어떻게 달라졌을까?

이 어르신은 정말 이 책에 담은 7가지 건강 습관을 장착한 덕분에 다음과 같은 삶을 살고 계신다.

첫째, 근육을 단련시켜 바른 자세와 체력을 갖춰 여행을 다니고,

둘째, 자신의 마음에 귀를 기울이는 동시에 타인의 감정을 파악하고 적절하게 표현하고 계시며,

셋째, 자신에게 필요한 약을 잘 정리해 헷갈리지 않고 효과적으로 복용하고,

넷째, 본인의 두뇌 사용법을 제대로 알아 새로운 것을 끊임없이 배워서 많은 것을 이루며,

다섯째, 나만의 건강검진 스케줄을 체크하는 한편 필요한 검사들을 제때 업데이트하고,

여섯째, 똑똑한 병원 사용법을 터득해 입원을 하더라도 빠른 회복 후 순조롭게 퇴원하고,

일곱째, 삶의 마지막을 잘 준비하여 본인과 배우자, 자녀들 모두의 마음이 편하다.

이처럼 7가지 건강 습관을 갖춘 이들은 나이가 들더라도 젊었을 때처럼 활력이 넘치며 마음에 안정이 깃든다. 건강 관리의 쳇바퀴에서 벗어나 진정한 나의 삶을 살 수 있는 것이다. 그로 인한 영향력은 덤이다. 사교 모임과 종교 단체, 작은 공동체에서 그들은 자신의

선한 영향력을 전수하며 이들의 지혜와 내리사랑으로 인한 미덕과 인정으로 풍요로운 사회가 구축되는 것이다. 이 같은 '나비효과'를 꿈꾸며, 나 역시 하루하루 나에게 온 환자 한 분 한 분에게 최선의 진료를 하고자 한다.

마지막으로, 이 자리를 빌려 감사의 인사를 전하고 싶은 이들이 있다. 자녀들을 위해 미국으로 이민을 와서 고된 레지던트와 펠로를 다시 한번 거치신 아버지. 아버지는 나의 영원한 영웅이시다. 또 본인의 의사 직업까지 포기하고 두 명의 의사를 키워내신 어머니의 희생에도 감사드린다. 그리고 이 책을 쓸 수 있도록 아이들을 도맡아 돌보고 곁에서 응원해 준 사랑하는 아내 윤정에게 특별한 고마움을 표한다. 그녀가 없었다면 불가능해 보였던 이 프로젝트를 완수하지 못했을 것이다. 끝으로 희망찬 미래가 기대되는 두 자녀 조이와 조단에게 사랑과 고마움을 전한다.

참고문헌

프롤로그

1 Rauch J. *The Happiness Curve: Why Life Gets Better after 50*. New York: Picador, a Thomas Dunne Book; 2019.

2 Hategan A, Bourgeois J, Hirsch CH, Giroux C. Geriatric Psychiatry: A Case-Based Textbook. Cham: Springer; 2018.

3 위와 동일.

4 Schwartz AW et al. A Workshop for Interprofessional Trainees Using the Geriatrics 5Ms Framework. J Am Geriatr Soc. 2020;68(8):1857. Epub 2020 Jun 18.

비결 1 내 근육 사용법을 안다

1 Janssen I. Influence of sarcopenia on the development of physical disability: the Cardiovascular Health Study. J Am Geriatr Soc. 2006 Jan;54(1):56-62.

2 Janssen I. The epidemiology of sarcopenia. Clin Geriatr Med. 2011 Aug;27(3):355-63.

3 Sayer A A, Syddall H, Martin H, et al. The developmental origins of sarcopenia. J Nutr Health Aging. 2008 Aug-Sep;12(7):427-32.

4 Frontera et al. Strength Conditioning in Older Men: Skeletal Muscle Hypertrophy and Improved Function. Journal of Applied Physiology. 64(1988)3:1038-1044.

5   《걷기만 해도 병이 낫는다》, KBS 생로병사의 비밀 제작팀, 비타북스, 2022.

6   Christmas C, Andersen R A. Exercise and Older Patients: Guidelines for the Clinician. J Am Geriatr Soc 48: 318-324,2000.

7   Hoffmann C and C Weigert. Skeletal Muscle as endocrine organ 2017. Benatti 2015 Exercise as an anti-inflammatory thearpy.

비결 2 내 마음 사용법을 안다

1   Archives of Gerontology and Geriatrics. "Émotional intelligence (EI) as a predictor of depression status in older adults." (2012), online https://www.sciencedirect.com/science/article/abs/pii/S0167494312001288. Gordon College of Education. "Emotional intelligence and health outcomes." (2018), online: https://file.scirp.org/pdf/PSYCH_2018101115073538.pdf. Stanford University. "Emotional aging: recent findings and future trends." (2010), online: https://academic.oup.com/psychsocgerontology/article/65B/2/135/642926.

2   Hawkley LC and Cacioppo JT. Loneliness Matters: A Theoretical and Empirical Review of Consequences and Mechanisms.Annals of Behavioral Medicine. 40, 2(201):218-227.

3   Kales HC, Maixner DF, Mellow AM. Cerebrovascular disease and late-life depression. Am J Geriatr Psychiatry. 2005; 13(2):88., Tekin S, Cummings JL. Frontal-subcortical neuronal circuits and clinical neuropsychiatry: an update. J Psychosom Res. 2002;53(2):647

4   Gary S Moak. *Beat Depression to Stay Healthier and Live Longer: A Guide for Older Adults and Their Families.* Rowman & Littlefield Publishers. 2016

5   Kandola A, Ashdown-Franks G, Hendrikse J, Sabiston CM, Stubbs. Physical activity and depression: Towards understanding the antidepressant mechanisms of physical activity. Neurosci Biobehav Rev. 2019 Dec;107:525-539.

    Loprinzi et al. Experimental Effects of Exercise on Memory Function among Mild Cognitive Impairment: Systematic Review and Meta-Analysis. Physician and Sportsmedicine. (2018):1-6.

6   Peng Y, Hsu Y, Chou M, et al. Factors associated with insomnia in older adult outpatients vary by gender: a cross-sectional study. BMC Geriatr 21, 681 (2021).

7   Li D, Yu S, Long Y, et al. Tryptophan metabolism: Mechanism-oriented therapy for neurological and psychiatric disorders. Front Immunol. 2022 Sep 8;13:985378.

비결 3 내 약 복용법을 안다

1   How-to Guide: Prevent Adverse Drug Events by Implementing Medication Reconciliation. Cambridge, MA: Institute for Healthcare Improvement; 2011.

2   Cresswell KM, Frernando B, McKinstry, et al. Adverse drug events in the elderly. Br Med Bull. 2007;83:259-74.

3   Ye L, Yang-Huang, Franse CB, et al. Factors associated with polypharmacy and the high risk of medication-related problems among older community-dwelling adults in European countries: a longitudinal study. BMC Geriatr. 2022 Nov 7;22(1):841.

4   Leach MJ, Moore V. Black cohosh (Cimicifuga spp.) for menopausal symptoms. Cochrane Database of Systematic Reviews 2012, Issue 9. Art. No.: CD007244.

비결 4 내 두뇌 사용법을 안다

1   Loprinzi PD, Edwards MK, and Frith E. Potential Avenues for Exercise to Activate Episodic Memory-Related Pathways: A Narrative Review. European Journal of Neuroscience. 46(2017);5: 2067-2077.

Loprinzi et al. Experimental Effects of Exercise on Memory Function among Mild Cognitive Impairment: Systematic Review and Meta-Analysis. Physician and Sportsmedicine. (2018):1-6.

Madan CR and Singhal A. Using Actions to Enhance Memory: Effects of Enactment, Gestures, and Exercise on Human Memory. Frontiers in Psychology.

2   Rosenberg A, Ngandu T, Rusanen M, et al. Multidomain lifestyle intervention benefits a large elderly population at risk for cognitive decline and dementia regardless of baseline characteristics: The FINGER trial. Alzheimer's & Dementia. 2018 Mar;14(3):263-270.

Park HK, Jeong JH, Moon SY, et al. South Korean Study to Prevent Cognitive Impairment and Protect Brain Health Through Lifestyle Intervention in At-Risk Elderly People: Protocol of a Multicenter, Randomized Controlled Feasibility Trial. J Clin Neurol. 2020 Apr; 16(2): 292–303.

3   Kivipelto M, Mangialasche F, Snyder H, et al. World-Wide FINGERS Network: A global approach to risk reduction and prevention of dementia.

4   Erickson KI, Voss MW, Prakash RS, et al. Exercise training increases size of hippocampus and improves memory. Proc Natl Acad Sci. 2011 Feb 15;108(7):3017-22.

5   Morris MC, Tangney CC, Wang Y, et al. MIND diet associated with reduced incidence of Alzheimer's disease. Alzheimers Dement. 2015 Sep;11(9):1007-14.

6   Navale SS, Mulugeta A, Zhou Ang, et al. Vitamin D and brain health: an observational and Mendelian randomization study, Am J Clin Nutr. 2022 Aug 4;116(2): 531–540

7   Swalloway S, Ferris S, Kluger A, et al. Efficacy of donepezil in mild cognitive impairment: a randomized placebo-controlled trial. Neurology. 2004 Aug 24;63(4):651-7

8   Petersen RC, Thomas RG, Grundman M, et al. Vitamin E and donepezil for the treatment of mild cognitive impairment. N Engl J Med. 2005 Jun 9;352(23):2379-88.

9   Birks J, Flicker L. Donepezil for mild cognitive impairment. Cochrane Database Syst Rev. 2006 Jul 19;(3):CD006104.

10   Lu PH, Edland SD, Teng E, et al. Donepezil delays progression to AD in MCI subjects with depressive symptoms. Neurology. 2009 Jun 16;72(24):2115-21.

11   Morris JC, McKeel DW, Fulling K, Torack RM, Berg L. Validation of clinical diagnostic criteria for Alzheimer's disease. Ann Neurol 1988;24(1):17–22.

12   Birks JS, Harvey RJ. Donepezil for dementia due to Alzheimer's disease. Cochrane Database of Systematic Reviews 2018, Issue 6. Art. No.: CD001190.

13   Raina P, Santaguida P, Ismaila A, et al. Effectiveness of cholinesterase inhibitors and memantine for treating dementia: evidence review for a clinical practice guideline. Ann Intern Med. 2008 Mar 4;148(5):379-97.

비결 6 병원 사용법을 안다

1   Freeman WJ, Weiss AJ, Heslin KC. Overview of US hospital stays in 2016: Variation by geographic region. Healthcare Cost and Utilization Project 2018.

2   Chan PS, Nallamothu BK, Krumbholz HM, et al. Long-term outcomes in elderly survivors of in-hospital cardiac arrest. N Eng J Med. 2013; 368(11):1019-1026.

3   Mehta KM, Pierluissi E, Boscardin J, et al. A clinical index to stratify hospitalized older adults according to risk for new-onset disability. J Am Geriatr Soc. 2011;59(7):1206-1216.

미국 상위 1% 부자들의
7가지 건강 습관

1판 1쇄 발행 2023년 3월 1일
1판 2쇄 발행 2023년 4월 15일

지은이 임영빈

발행인 양원석 편집장 박나미
디자인 신자용, 김미선 영업마케팅 조아라, 이지원, 정다은, 백승원

펴낸 곳 ㈜알에이치코리아
주소 서울시 금천구 가산디지털2로 53, 20층(가산동, 한라시그마밸리)
편집문의 02-6443-8865 도서문의 02-6443-8800
홈페이지 http://rhk.co.kr
등록 2004년 1월 15일 제2-3726호

ISBN 978-89-255-7694-7 (03190)